L'APPEL DE LA DÉESSE

Titre original : *Goddess Power Oracle*.
Publié pour la première fois en anglais par Hay House Inc.

Traduit de l'anglais par Laurence Le Charpentier.

ISBN : 978-2-36188-562-5

www.editions-tredaniel.com
info@guytredaniel.fr
www.facebook.com/editions.tredaniel
@tredaniel_eso
@editions_exergue

COLETTE BARON-REID

Illustré par Jena DellaGrottaglia

L'APPEL DE LA DÉESSE

ÉDITIONS
EXERGUE
27, rue des Grands-Augustins
75006 Paris

SOMMAIRE

« Comme l'oiseau, l'humanité possède deux ailes –
l'une mâle, l'autre femelle.
Si les deux ailes ne sont pas également fortes et mues
par une force commune, l'oiseau ne peut s'envoler vers le ciel.
Ce n'est pas avant que le monde
des femmes devienne égal au monde
des hommes [...] que le succès et la prospérité seront atteints
comme il se doit. »

— 'Abdu'l-Bahá, chef de la foi bahá'íe
de 1892 à 1921

INTRODUCTION

L'Appel de la Déesse

En octobre 2017, j'ai vécu l'une de ces merveilleuses périodes de créativité par le biais du channeling, en concevant des oracles sur lesquels j'espérais travailler depuis des années. En parlant à mon éditeur des thèmes qui m'intéressaient, il m'a suggéré un oracle dédié aux déesses. Avant d'accepter, cependant, je devais bien y réfléchir. Après tout, ceux que j'avais vus jusque-là ne m'avaient pas vraiment attirée, car j'en recherchais un plus proche de mon langage, et reflétant ce qui était en général en voie de changement dans les expériences psychospirituelles et d'ordre social.

En donnant à cette idée toute la considération qu'elle méritait, il me vint à l'esprit que la qualité mystique, magique, sacrée de la vie était issue, comme toujours, de cet aspect farouche, créatif, féminin, de l'Univers – autrefois déifié sous les traits de la Déesse. Mon front me picotait chaque jour, faisant réémerger ce souvenir de ce symbole de la lune bleue que j'avais peint, enfant, sur mon visage, en racontant à ma mère que je serais un jour prêtresse ou religieuse. De ce fait, cette proposition me fit réfléchir – peut-être que la Grande Déesse attendait maintenant davantage de moi.

Le paysage changeant en plein débat sur les droits des femmes, la question des femmes et les abus du pouvoir patriarcal : je commençais à éprouver une véritable vocation pour intégrer ces thèmes à mon travail. Nous avons tous besoin de guérir et j'avais l'intention, en acceptant ce projet, de soutenir les femmes, tout en gardant de la place pour une inclusion allant au-delà des limitations de l'étiquetage « féminin » et « masculin », pour moi, plus que nécessaire actuellement. Il nous faut retisser le féminin au masculin pour créer un nouveau modèle de collaboration. Pour aller au cœur même du sens potentiel de cet oracle consultable à l'heure actuelle, il fallait que j'approfondisse en m'intéressant au passé lointain et à l'Antiquité, pour découvrir ce qui avait disparu.

Les méthodes divinatoires étaient le domaine des premiers peuples sur terre, et de la Déesse de la création qu'ils vénéraient. Ne vous méprenez pas : les oracles sont apparus avec les femmes. À l'origine, ils nous servaient à comprendre nos relations avec la conscience de la Déesse, et notre expérience personnelle de l'existence en tant qu'êtres de la Nature. Ces instruments sacrés permettaient d'entrer en contact avec le monde invisible qui influe sur les événements de l'humanité, de le comprendre et de s'y orienter. Ceux dédiés à la divination nous servent toujours de cette façon.

Initiation : retrouver en soi la Déesse

Je suis restée assise quelques mois à côté d'une pile de documents de recherches universitaires et de livres sur la culture de la Déesse, face à certaines de mes peurs les plus profondes. Très versée dans les mythes des déesses du monde entier, je ne m'étais encore jamais intéressée de près à cette transition : de la culture de la Déesse au modèle patriarcal toujours en place. Comment vivait-on dans ces sociétés basées sur « le modèle de partenariat », ainsi nommé par Riane Eisler, spécialiste de la science des systèmes et de l'histoire culturelle ?

On vivait et croyait différemment avant l'apparition des armes qui nous ont affectés ces dernières cinq mille années. Nous avons tous perdu quelque chose d'essentiel en raison de ce changement : notre lien avec l'aspect féminin de la Nature et de l'Univers conscient, la Source de toute création, autrefois appelée la Déesse. Cette séparation est comme une maladie qui a laissé notre société désespérément en besoin de guérison. Regardez autour de vous – tous ces cœurs brisés.

La conception de cet oracle nécessita beaucoup plus de travail que je ne l'avais anticipé. Je m'étais tellement éloignée de la Déesse, et j'étais à présent immergée dans cette reprise de contact aussi intense qu'un baptême du feu. Je sentais l'énergie de l'aspect féminin de l'Univers sous toutes ses formes. La Déesse occupait mes pensées, mon cœur, jour après jour, me réveillant, faisant appel à mes souvenirs, imprégnant mes rêves, en me poussant à explorer ces aspects les plus sombres de moi-même, à trouver ce puits profond de mal-être existentiel alors que je faisais mes recherches, et à le laisser m'anéantir. Je n'étais pas préparée à cette initiation spirituelle – qui m'a fait profondément changer, à jamais, et continuera de le faire jusqu'à mon dernier souffle. On me chargea de m'ouvrir – et quand on entend l'Appel de la Déesse, il est impossible de faire marche arrière.

LES DÉESSES AFFIRMENT LEUR PRÉSENCE

Une fois passée par la phase d'initiation pour me connecter à cet oracle, je me retrouvais soudain sous l'emprise du processus du channeling. Même mes assistantes de recherche entendaient les déesses leur préciser comment les représenter. On avait l'impression d'être invitées dans un gigantesque groupe de partage, où tout le monde parlait en même temps.

Le channeling est un processus de méditation unique, dont je fais l'expérience chaque fois que je conçois une nouvelle méthode d'oracle. Ces cartes sont pour moi des êtres vivants avec lesquels je peux communiquer. J'ai demandé à la Grande Déesse de me guider vers chaque divinité que je devais consulter, et de me montrer comment elles voulaient être représentées. Nous sommes tous des histoires en devenir, comme les déesses, qui peuvent nous aider à évoluer si on assimile la quintessence de leurs histoires. Leurs mythes se rapportent à d'importants thèmes archétypaux, mais elles ne veulent pas que les idées que nous nous en faisons demeurent statiques – engluées dans ces récits comme des libellules dans l'ambre. En les écoutant attentivement, j'ai compris qu'elles avaient d'autres projets.

Qui pourrait devenir la déesse Héra si notre opinion la concernant évoluait, en appliquant à notre vie les profonds enseignements de son histoire ? En possession de son pouvoir et en bonne santé, se verrait-elle toujours comme le faire-valoir de Zeus, lui pardonnant toutes ses transgressions, et punissant cruellement les femmes objets de ses désirs et infidélités ? Se définirait-elle toujours de manière aussi destructive par rapport au pouvoir qu'il détient ? Comprendre son histoire pourrait-il nous aider à voir en quelle circonstance nous subissons de façon destructive notre assimilation du patriarcat ? La déesse Branwen mourrait-elle encore d'un cœur brisé, ou s'élèverait-elle dans le pardon pour sa trahison ? Lilith serait-elle capable de dépasser cette histoire où elle refuse d'être dominée par Adam, en sachant qu'elle était bien plus qu'une suppliante, née égale plutôt que « d'une de ses côtes » ? Pourrait-elle dépasser sa diabolisation, s'élever, la tête haute, et offrir son indépendance avec courage et une estime de soi fermement ancrée ? Toutes les déesses m'ont tenue en haleine, demandant à être vues précisément ainsi, et parlant de ce qu'elles jugeaient essentiel dans notre vie actuelle.

En leur demandant comment transmettre utilement leurs messages, il me fut précisé que relater encore les mêmes histoires n'avait aucun intérêt. Je n'ai pas tardé à me rendre compte que leurs mythes connus ne constituaient pas le thème majeur de cet oracle. Il est facile de s'égarer dans les détails de leurs anciennes histoires, ayant peu de rapport avec notre monde et notre psyché actuels. Répéter leurs mythes – dont bon nombre se chevauchent et fusionnent – ne les servirait en rien à présent, pas plus que nous. Les déesses souhaitant prodiguer leurs conseils sur les principaux aspects de leurs histoires, les descriptions des cartes sont condensées à quelques idées essentielles qu'elles désiraient exposer.

J'ai vraiment eu l'impression qu'elles avaient pris vie, et s'étaient engagées dans des conversations sur certains sujets, et sur la façon de nous aider actuellement. Elles nous invitent à voir en nous un reflet d'elles-mêmes, et à nous demander : « Qui pourrions-nous devenir si nous savions comment guérir et revendiquer notre véritable pouvoir ? » Je vous apprendrai que chaque déesse dans cet oracle a choisi de s'y présenter. Après des recherches et des révisions des mythes et des récits sur plus d'une centaine d'entre elles, je les ai pratiquement laissées faire leur choix en y assistant avec curiosité, en testant l'oracle durant deux mois. Cependant, toutes les déesses ne voulaient pas nécessairement se parler et, afin qu'un oracle soit vraiment divinatoire, les cartes doivent toutes s'associer et communiquer entre elles, sinon la vie leur manque. L'oracle finalement « bouclé », toutes ces déesses ayant accepté d'y être réunies, on aurait dit que la lumière entrait dans la pièce, comme si quelque chose de palpable et de réel prenait vie.

Une visite de Kali

Une déesse en particulier vint me voir après ma décision de ne pas l'inclure à l'oracle. Je voulais y rassembler des déesses venant d'autant de cultures que possible. Cependant, dans tous les anciens panthéons, tant de mythes se ressemblent ; il fallait veiller à ne pas les répéter. Ressentant un lien vraiment fort avec une déesse d'une autre culture, au mythe se résumant à une histoire de libération féroce et de révolution, je décidai de renoncer à Kali, divinité de l'hindouisme, étant donné qu'elles avaient des thèmes en commun.

Eh bien, disons simplement que Kali ne le prit pas de gaieté de cœur! Lors d'une séance de coaching quelques jours plus tard, elle se présenta au cours d'une méditation, avec un message personnel très profond, aimant et contestataire. Après cela, je me suis demandé que faire.

Le lendemain, une guérisseuse présente à la séance m'apprit qu'elle « entendait cette déesse en particulier » dire qu'elle n'était pas dans mon nouvel oracle. J'ai failli tomber de ma chaise en entendant ce message arrivé à l'improviste! Cette guérisseuse n'avait aucune idée des déesses que j'y avais incluses.

Elle me dit: « Colette, j'ai la déesse Kali avec moi qui veut s'assurer que tu l'intègres à l'oracle. Et elle a des instructions très précises concernant son image! » Kali dit qu'elle ne voulait pas être représentée avec huit bras, une langue rouge hors de la bouche et des yeux globuleux. Elle voulait être belle, afin que les femmes puissent accueillir la libération, l'un de ses présents, et s'inspirer de son pouvoir et de sa sagesse.

C'est ainsi que Kali, magnifique déesse, a trouvé toute sa place dans cet oracle.

Avant de vous expliquer les tirages, et dans quels objectifs y recourir, je veux partager avec vous un extrait d'une de mes interprétations en essayant l'oracle. La première question que je lui posai vous concernait : « Quel cadeau offriras-tu à la personne qui vient solliciter des conseils, de la sagesse ou la vérité ? » J'ai ensuite choisi quatre cartes pour représenter les pierres angulaires et la stabilité d'une fondation solide, et ces déesses se sont présentées (toutes à l'endroit) pour contribuer à définir la réponse :

Hécate : la déesse de l'entre-deux ;

Freyja : la déesse de l'acceptation absolue ;

Kali : la déesse de la libération ;

Leizi : la déesse de la révélation.

Elles ont respectivement leurs propres messages ; ensemble, quand l'une passe le flambeau à la suivante, elles composent une histoire complète.

Commençons le récit par notre première carte, Hécate. Cette déesse de la mythologie grecque représente la liminalité, l'espace entre les choses, invisible, inexprimé, et ce qui est caché sous les voiles du mystère révélés aux carrefours du changement, où les mondes visible et invisible se rejoignent, et où des choix doivent être faits. Elle vous met au défi de regarder au-delà du monde matériel de votre zone de confort, et vous invite à prendre un risque et à explorer une vérité plus profonde, afin d'évoluer en une version de vous-même plus responsabilisée et autonome. Entre le connu et l'inconnu, elle tient la torche de l'illumination. Rassemblez votre courage et faites un pas dans l'inconnu. C'est là que réside la magie.

Puis Freyja, déesse de la mythologie nordique de l'acceptation absolue, apparaît. Elle vous aidera à vous en remettre là où vous en êtes, avec une honnêteté rigoureuse, et à clarifier dans quels domaines de votre vie vous devez renoncer, avec abandon. Afin de progresser, il vous faut renoncer à qui vous pensiez être, et à ce que vous pensiez vouloir, pour vous créer une nouvelle vie ayant davantage de sens et d'authenticité. Analysez ce que vous considérez comme des échecs ou des revers, pour les voir comme des occasions de vous reposer. Hécate vous invite à faire un pas dans l'inconnu, et Freyja vous demande de respecter ce que vous découvrez et de l'accepter totalement, de savoir ce qu'il vous faut abandonner afin de devenir vous-même, sans oublier qu'il n'y a pas d'urgence.

Troisièmement, nous avons la belle et féroce déesse Kali, qui demande si vous êtes prête à couper les liens avec ces histoires que vous vous racontez à votre sujet, sur qui vous êtes et ce que l'on attend de vous. Êtes-vous prête à vous libérer de ces relations qui ne vous sont pas bénéfiques, et de votre conditionnement passé ne servant plus votre personnalité prête à émerger ? Pouvez-vous renoncer à vous considérer comme une victime, pour choisir d'être libre et libérée – et relater une tout autre histoire de choix significatifs et de responsabilisation en possession de tous vos moyens ? Dites oui à Kali !

La plus parfaite des déesses se présente en dernier pour vous montrer ce qui est possible si vous êtes disposée à opter pour l'inconnu, tourner le dos au passé, et vous libérer de votre conditionnement répressif révolu. Leizi, la déesse de la révélation, vous apporte des illuminations d'une telle fulgurance.

Cet oracle vous fait savoir qu'il vous servira de pont étincelant entre les mondes visible et invisible, en vous entraînant de ce qui est terre à terre à ce qui relève du mystique. Il vous guidera vers votre vérité la plus profonde, en vous donnant le pouvoir de choisir de vous libérer de la servitude imposée par votre conditionnement passé, pour vous faire parvenir à un nouvel état de conscience supérieur, afin que vous puissiez cocréer une vie dépassant vos rêves les plus fous !

Quel magnifique cadeau des déesses sacrées !

COMMENT UTILISER *L'APPEL DE LA DÉESSE*

Je vous recommande de vous créer chez vous un espace sacré pour la méditation et interpréter vos cartes, où il sera bénéfique de revenir à chaque tirage. Disposez-y de beaux objets. Que ce lieu soit dédié à vos pratiques sacrées.

J'aime entourer mes cartes divinatoires avec des objets ayant une signification particulière, comme des cristaux – notamment la chrysocolle pour une communication claire, la sélénite pour purifier l'énergie, l'hématite pour l'ancrage, et l'obsidienne pour voir la vérité. Dans mon espace sacré, j'ai aussi un bâton de parole de fabrication artisanale, ainsi qu'une statue de la déesse Lakshmi, pour la chance et un objectif divin, un mala – bracelet de prière et de méditation –, et une croix celtique. Choisissez ce qui vous plaît, comme de beaux tissus, des coquillages, divers cristaux ou une bougie faite main. J'aime le parfum, un détail important lors des interprétations, comme l'huile d'aromathérapie de palo santo, ou un mélange de menthe poivrée et de lavande, ou d'eucalyptus. Tout ce dont vous avez l'intuition pour créer un environnement propice sera parfait.

Pour chaque oracle, j'ai aussi l'application correspondante sur mon téléphone portable, ainsi, je peux faire des tirages en déplacement. Indépendamment de la façon dont je commence un tirage, avant de battre les cartes, je me centre avec cette prière :

Grande Déesse, pour le bien suprême de tous, je t'offre mon intention d'être réceptive à tes conseils et à ta sagesse. Montre-moi seulement la vérité et comment je peux servir au mieux, avec sens et raison d'être. Que la Lumière soit. Je suis ouverte et prête à écouter les déesses ici réunies.
Amen.

Comment battre les cartes

Il est important de mélanger vos cartes pour en avoir à l'endroit et à l'envers quand vous aurez fini de les battre. À part vous assurer de cela, il n'y a pas de bonne ou de mauvaise façon de procéder. Je le pratique depuis plus de trente ans, de ce fait, ne laissez pas des superstitions ineptes vous empêcher de mélanger les cartes comme un bon vieux joueur de poker si vous avez envie de les recourber un peu ! Celles-ci étant cependant plus grandes que celles à jouer, trouvez la méthode qui vous convient.

Personnellement, je coupe les cartes six fois, avant de battre chaque pile, puis de les remélanger ensemble. Parfois, je les étale toutes sur la table, face cachée, puis je les déplace en cercle, en déplaçant quelques cartes ici et là. Procédez ainsi jusqu'à ce que vous le jugiez suffisant. Fiez-vous aux ondes dans ce cas précis.

Lorsque vous vous sentirez prête, ayant dit votre prière ou procédé à tout rituel personnalisé, vous pourrez commencer votre tirage.

Au sujet des messages et des cartes à l'envers

La façon dont les déesses choisissent de s'adresser à nous par l'oracle est unique en son genre. Elles nous parlent directement et intuitivement par le biais de leur message d'empowerment. Puis, pour notre protection, elles nous proposent des tâches et des conseils dans leur message d'alignement.

Pour interpréter une carte à l'endroit, lisez le message d'empowerment dans ce livre, ou si la carte est à l'envers, le message d'alignement. Cette distinction provient à l'origine d'une sorte de superstition liée au tarot médiéval, où les cartes à l'envers étaient jugées de mauvais augure. Avec mon oracle, rien ne pourrait être plus éloigné de la vérité !

Les puissants messages d'alignement, pleins de sens, sont destinés à nous aider, pour notre plus grand bien, et apparaissent généralement si on est égaré, ou en cas de schémas récurrents défavorables à la vie que l'on désire pour ses proches ou soi-même. Les déesses désirant vous aider à rester en alignement avec vos intentions, si l'un d'eux se présente, une tâche suggérée l'accompagnera – une façon de rectifier le parcours. En vous y investissant, vous retrouverez une concentration responsabilisée.

Les déesses se sont rassemblées pour vous aider, de ce fait, considérez que tout message d'alignement est à célébrer ! Cela s'apparente à une étreinte, ou à un peu plus d'attention, confirmant qu'elles veulent vraiment vous offrir leur soutien.

Comment poser une question

Toutes les méthodes divinatoires que j'ai eu la chance de concevoir n'ont pas pour objectif de prédire l'avenir – même si l'oracle peut vous montrer vers quoi vous vous dirigez –, mais, pour vous, de le cocréer, et elles ne répondent pas par « oui » ou « non » aux questions. *L'Appel de la Déesse* a surtout pour objectif de favoriser votre évolution personnelle, de vous aider à concrétiser vos désirs, à être en alignement avec votre raison d'être, et à accomplir votre destinée. À cette fin, les déesses veulent que vous soyez rigoureusement honnête avec vous-même, et restiez aussi pure mentalement, émotionnellement et spirituellement que possible, afin que votre vie et vos offrandes au monde soient bénéfiques à votre bien suprême, ainsi qu'à celui d'autrui.

Vos questions porteront donc sur la quête de clarté, pour mieux comprendre une situation, sur des conseils sur la prochaine bonne action à effectuer, ou pour savoir comment vos intentions ensemencent votre monde et ce dont vous faites l'expérience.

Les déesses vous aideront à rectifier le parcours, et confirmeront aussi ce que vous savez déjà, en vous proposant un autre angle de vue sur votre situation actuelle, et les potentiels de votre avenir. Apprenez à bien connaître ces cartes et les déesses qui les habitent, et vous constaterez que vous développerez avec elles une relation particulière, intime. Tenez compte de leur sagesse, et vous aurez une vie heureuse, ayant du sens, unique, authentique et inspirée.

LES TIRAGES DE L'ORACLE DE L'APPEL DE LA DÉESSE

Je vous propose des tirages qui complémentent l'énergie de cet oracle. En battant vos cartes, concentrez-vous sur votre question, ainsi que sur le tirage choisi. L'énergie universelle garantira que les cartes pertinentes soient tirées dans les positions où elles sont nécessaires.

Tirage quotidien à une carte pour être guidée

Ce tirage vous met en relation durant 24 heures avec une déesse particulière. Tirez une carte après les avoir battues. Elle sera votre guide pour la journée, vers un état de conscience décuplé, la responsabilisation et l'inspiration.

Tirage à trois cartes du concile de la Grande Déesse

Parmi les centaines de tirages à trois cartes, celui-ci est mon préféré, car il montre l'évolution du potentiel dans toute situation faisant l'objet de votre question. Après avoir battu les cartes, tirez-en trois.

- POSITION 1 : que me faut-il savoir actuellement pour mon bien suprême ?
- POSITION 2 : que me faut-il faire pour favoriser mon bien suprême ?
- POSITION 3 : quel pourrait être le dénouement potentiel si je continue sur cette voie ?

Tirage spécial de la déesse Mnémosyne pour être guidée

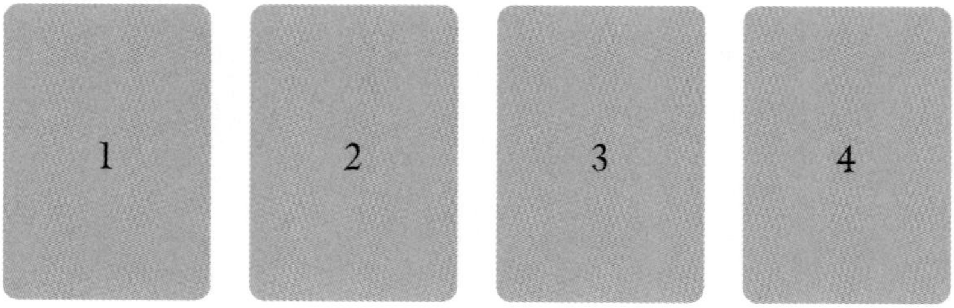

Ce tirage à quatre cartes vous permettra de clarifier pourquoi et comment une situation est toujours influencée par le passé, et comment la dépasser.

- POSITION 1 : quel thème du passé est-il toujours d'actualité ?
- POSITION 2 : qu'est-ce qui, dans le passé, fait encore obstacle à ma progression ?
- POSITION 3 : qu'est-ce qui, dans le passé, favorise ma progression ?
- POSITION 4 : quelle action faut-il envisager actuellement pour me libérer du passé et avancer ?

Tirage des quatre joyaux de la Déesse

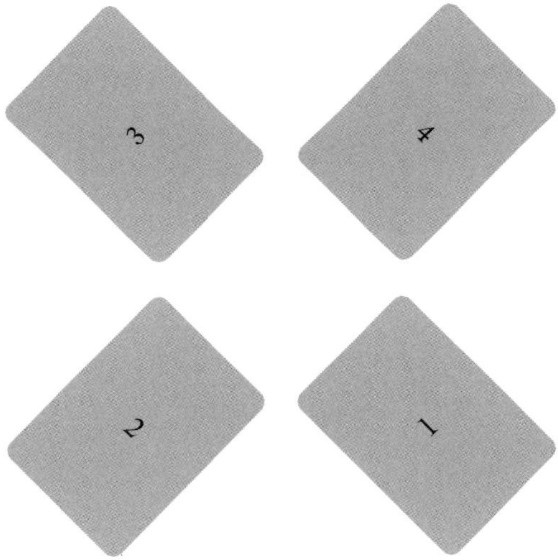

Ce tirage révèle l'évolution potentielle d'une situation, chaque déesse incarnant une étape dans la prise de conscience et la manifestation de l'objet de votre question.

- POSITION 1 – Jeune fille : cette carte représente le commencement/ la motivation/l'inspiration initiale de quelque chose.
- POSITION 2 – Prêtresse : cette carte représente ce que vous avez personnellement vécu comme expérience dans une situation, et quel effet cela a eu sur vous.
- POSITION 3 – Reine : cette carte représente comment remonter en pouvoir à la suite de cette expérience.
- POSITION 4 – Vieille sage : cette carte représente la sagesse assimilée, les enseignements reçus et le cadeau de l'expérience.

Tirage éclairant de la pleine lune

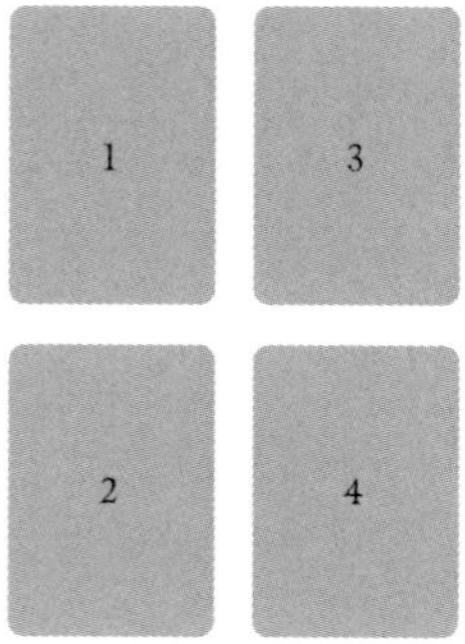

Ce tirage peut être effectué à la pleine lune, ou à tout moment qui vous convient, afin d'invoquer les énergies de ses qualités éclairantes pour vous aider à mieux comprendre votre vie, et entreprendre des actions inspirées, orientées vers la création.

Choisissez quatre cartes en demandant des conseils à la pleine lune. Envisagez d'invoquer ici Mama Killa, la déesse de la lune des Incas.

- POSITION 1 : quel thème faut-il éclairer pour favoriser mon bien suprême ?
- POSITION 2 : que me faut-il abandonner afin d'avancer ?
- POSITION 3 : quel enseignement reçu me permettra d'évoluer pour favoriser mon bien suprême ?
- POSITION 4 : quelles opportunités m'attendent ensuite ?

Les déesses qui se présentent pour s'adresser à vous incarnent les thèmes que vous cherchez dans les quatre cartes. Elles vous proposent des connaissances approfondies et des conseils pour savoir où investir votre énergie en cours de progression.

Tirage de la nouvelle lune pour activer l'intention

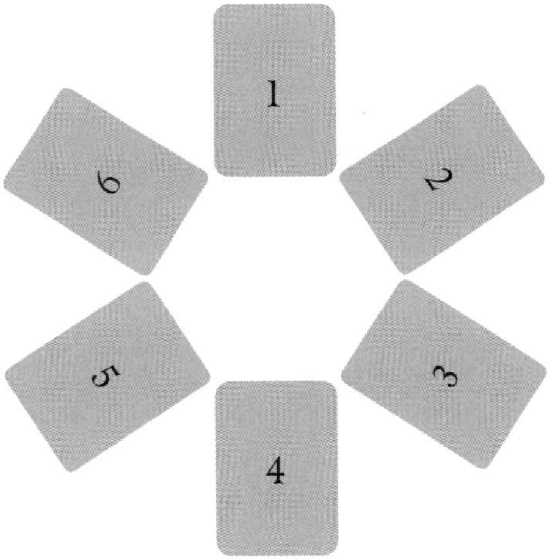

Ce tirage peut faire partie d'un rituel à la nouvelle lune, ou à tout moment qui vous convient, pour invoquer la magie de la manifestation, afin de concentrer vos énergies et semer les graines de ces désirs qui vous tiennent le plus à cœur.

Choisissez six cartes pour que la magie de la nouvelle lune se manifeste. Considérez d'invoquer Nyx, la déesse de l'obscurité, de la nuit et des mystères dans la mythologie grecque.

- POSITION 1 : que me faut-il savoir sur la qualité de mon intention actuelle ?
- POSITION 2 : comment procéder pour cocréer avec mon Moi le plus en possession de ses moyens ?
- POSITION 3 : quelle action faut-il entreprendre afin de déclencher la magie inhérente à mon intention ?
- POSITION 4 : que me faut-il faire actuellement pour contribuer à cocréer mon bien suprême ?
- POSITION 5 : quel sera le résultat potentiel de mon intention ?

- POSITION 6 : comment procéder si nécessaire pour rectifier le parcours en meilleur alignement avec mon intention, et favoriser mon bien suprême ?

Ce tirage qui vous permet de vous concentrer sur vos intentions, et conseille sur les dénouements éventuels, est particulièrement efficace pour révéler votre point de vue privilégié, vos voies potentielles, et comment retrouver votre alignement si vous vous êtes écartée du droit chemin.

La carte de rectification du parcours

Si l'un ou l'autre de vos tirages indique que la direction que vous avez prise pourrait être plus difficile que vous ne l'aviez anticipé, tirez une carte de rectification du parcours afin de recevoir des conseils pour en modifier potentiellement l'issue. Après avoir interprété votre tirage, battez toutes les cartes, puis tirez-en une de toute la pile. La déesse qui se présentera vous indiquera le domaine de votre vie ayant besoin d'être purifié. Lisez-en les messages d'empowerment et d'alignement.

DERNIÈRE NOTE SUR LES TIRAGES

N'hésitez pas à créer vos propres tirages, et constatez lesquels font écho à votre situation actuelle. J'ai plus de trois cents tirages à disposition, que j'ai utilisés ces trente dernières années dans ma pratique intuitive, et en me concentrant sur des oracles pour recevoir de sages conseils. On m'en a appris d'autres, et j'en ai conçu certains. N'hésitez pas à vous amuser, et laissez-vous aider par *L'Appel de la Déesse* en apprenant à le connaître, ainsi que les surprenantes divinités qui, lors de votre voyage, ne tarderont pas à se révéler vos plus grandes alliées.

VOTRE INVITATION

Avec cet oracle, je vous invite à invoquer les aspects de la Grande Déesse, afin de prendre possession de vos pouvoirs et, lors de votre parcours, d'évoluer en la personne que vous avez toujours voulu devenir. Qu'éprouveriez-vous en gardant la tête haute et en étant guérie, en mesure d'être un puissant modèle d'efficacité pour vos proches et votre communauté ? Vous contribueriez au monde entier comme nous apprenons tous collectivement à coexister dans une splendide synergie magique. Ce rêve puissant peut se faire réalité. Mais il nous reste du travail.

Si vous êtes parvenue jusqu'ici, vous êtes l'une de ces personnes que nous avons tous attendues. Cela a été un honneur de créer pour vous cet oracle *L'Appel de la Déesse*, afin de relier le monde matériel au monde mystique, et vous encourager dans votre voyage essentiel vers l'empowerment et une manifestation fructueuse. Considérez cet oracle comme un petit mot d'amour qui vous est destiné, alors que vous œuvrez vers la guérison en recevant des enseignements, en vue de cocréer un monde plus équitable.

Je vous invite à nous rassembler afin de favoriser et d'explorer les possibilités découlant de cette façon de penser et de guérir nécessaire. Il est maintenant important de trouver une communauté, ou un groupe d'amis de cœur, au sein desquels vous ressentez vraiment des ondes positives. Si vous y êtes disposée, vous trouverez des informations sur mon site sur ce que je propose, et des instructions pour organiser chez vous une réunion mensuelle de célébration de la Puissante Déesse.

Cependant, je ne suis qu'une parmi tant d'autres à ajouter ma voix, mes compétences et mes talents pour faire revenir la Déesse à la vie. Une multitude d'enseignants, de directeurs de stages et d'auteurs étonnants et passionnés partagent au niveau mondial leurs voyages aux côtés de la Déesse, par des cours, des week-ends expérientiels, entre autres. Je vous invite vivement à faire preuve de curiosité pour découvrir la personne dont le travail dans ce domaine vous intéresse. Puis allez-y et apprenez. Ainsi, vous serez en mesure de transmettre le message à vos amis, à votre famille et, plus important encore, à vos fils et à vos filles. Nous leur laissons un héritage et rêvons d'un meilleur monde en devenir. La magie est omniprésente, et la Déesse vous aidera à la revendiquer.

Je vous donne tout mon amour, en espérant que cet oracle vous apporte la magie que vous désirez activer, ainsi que le courage d'être authentiquement vous-même. Pensez avec clarté, vivez tout ce qui vous tient à cœur, voyez avec votre âme, et soyez bénéfique aux autres.

La Déesse a besoin de vous. Le monde aussi.

Commençons !

— Colette Baron-Reid

Les Déesses et leurs Significations

MESSAGE D'EMPOWERMENT

Quand vous aurez défini vos intentions pour changer certains aspects de votre vie – pour qu'elle soit améliorée, plus épanouie, lucrative, prospère, créative, avec plus de sens, etc. –, l'adaptabilité sera le pouvoir sur lequel compter. Votre ancienne personnalité familière, habituée à sa zone de confort, est à présent invitée à danser en territoire inexploré. Les questions à vous poser en faisant un pas dans l'inconnu sont : « Qui dois-je devenir afin de faire l'expérience de la vie à laquelle j'aspire ? Qu'est-ce qu'il faut changer en moi pour être à même d'accueillir cette surprenante abondance ? » (Vous pouvez encore tirer une carte après votre interprétation du tirage, car un message d'une autre déesse pourrait vous apporter certains aperçus pour mieux répondre à vos questions.)

Sachez que vous avez tout ce qui est nécessaire actuellement. Vous êtes en alignement avec Áine, la déesse métamorphe de la mythologie celtique, qui peut passer sans effort de notre monde à celui de la Féerie. Son pouvoir d'adaptabilité pétille en vous. La magie est prête à se manifester.

MESSAGE D'ALIGNEMENT

Parfois, vous vous retrouvez incapable de réagir face aux défis de la vie, ayant l'idée fermement ancrée que les choses devraient se passer d'une certaine façon. Il est difficile de s'adapter aux circonstances changeantes en étant aussi accrochée à des situations familières ou une ancienne identité. Ou seriez-vous trop attachée à la forme que prendra le résultat désiré, au point que lorsque les choses se déroulent autrement, vous résistez ? N'ayez crainte ! Félicitez-vous plutôt de ces changements ; soyez ouverte et curieuse. Invoquez la déesse Áine pour incarner son pouvoir. N'oubliez pas, elle peut se métamorphoser sans effort, et passer d'un monde à un autre sans la moindre conséquence. Soyez sûre que ce qui vous fait obstacle, quoi qu'il en soit, se dissipera grâce à votre volonté d'être simplement présente à ce qui se passe, et en laissant la magie se révéler.

MESSAGE D'EMPOWERMENT

Déesse de l'amour romantique, Aphrodite représente un état d'être extatique, qu'elle vous invite à présent à cultiver intérieurement. Vous pouvez faire l'expérience du monde comme un être sensuel, expressif, créatif, si vous vous accordez la liberté d'explorer ce que cela signifie pour vous. Cela pourrait présager une relation amoureuse, ou l'approfondissement de celle en cours, ou ce pourrait être le moment de revendiquer cet aspect de votre nature, dormant depuis quelque temps.

Aphrodite vous invite à tomber actuellement amoureuse de votre vie, et à chercher consciemment autour de vous la quintessence et l'expression de l'amour. Ce faisant, ce sentiment se décuplera, et vous en verrez partout des preuves. Il s'agit de votre tâche sacrée quand Aphrodite décide de vous aider et de favoriser votre empowerment.

Message d'alignement

Votre tâche d'alignement consiste à rester présente, à vous libérer du jugement et à voir le trésor de ce qui se trouve devant vous. La découverte éventuelle de quelque chose de douloureux est en fait un magnifique cadeau. En effet, il pourrait s'agir précisément de vous libérer d'anciens schémas devenus inutiles.

Méfiez-vous de la qualité addictive du désir ardent, de la folle envie d'un amour insaisissable, et de l'obsession quant aux résultats désirés. Cela ne fait que canaliser davantage d'énergie vers un désir insatisfait, au risque de vous retrouver incapable de discerner le faux du vrai. Libérez-vous des espoirs et des attachements, pour voir simplement ce qui émerge. Restez consciente et responsable de votre perception de la situation, faites-vous pardonner si nécessaire, et soyez confiante que tout va bien. Votre relation avec l'Univers pourrait même demander à être améliorée en renonçant à ce que les choses aillent dans votre sens. Invoquez la déesse Aphrodite pour être guidée vers une expérience plus saine et satisfaisante.

MESSAGE D'EMPOWERMENT

Vous avez là, maintenant, tout le temps du monde pour atteindre le plus haut potentiel de vos intentions et désirs. Arianrhod, déesse de la mythologie celtique galloise, gardienne du temps, est votre alliée, et elle s'assurera que votre timing soit parfait. Les heures augmenteront pour vous faire don de l'espace nécessaire pour terminer tout ce que vous avez commencé. Reconnaissez dès aujourd'hui que tout ce dont vous avez l'intention ou que vous désirez a aussi sa propre relation au temps, et que tout viendra à vous sous sa forme parfaite, au moment parfait. Patience, dévouement et anticipation discrète sont actuellement des alliés, subtils mais puissants. Arianrhod vous défend, et vous êtes parfaitement dans les temps.

Message d'alignement

Vous inquiétez-vous que le temps presse, ou vous manque ? Vous sentez-vous trop en retard, trop stressée ou accablée pour parvenir à votre destination ? Cette attitude est alimentée par la peur, qui a l'étrange pouvoir inhabituel de contracter le temps.

Arianrhod, la gardienne du temps, vous propose une tâche d'alignement : respirez profondément et fiez-vous au processus. Sachez que même si vous connaissez momentanément des difficultés, il vous restera toujours assez de temps pour choisir comment vivre votre réalité. Vous pouvez toujours rectifier votre parcours. Réfléchissez à cette vérité : les épreuves, les déceptions ou les retards apparents font partie de l'expérience de la vie, en fonction de ses propres termes. Cependant, comme le dit Arianrhod, cela passera avec le temps. Quand garder la tête froide s'impose, et lorsque la foi vous guide sur le parcours, le trésor n'est jamais bien loin. Invoquez la déesse Arianrhod dès que vous vous sentez submergée et, grâce à elle, vous vous souviendrez de ces vérités.

MESSAGE D'EMPOWERMENT

Afin d'accueillir pleinement les intentions que vous avez le projet de concrétiser, et votre situation actuelle, il est important de profiter du moment présent. Le temps est venu de laisser votre trace, car la déesse de la mythologie grecque de la chasse, Artémis, guidera votre flèche !

Laissez-vous porter vers tout ce qui cherche à retenir votre attention. Immergez-vous totalement dans ce qui requiert votre concentration, et autorisez-vous à faire l'expérience d'une profonde confiance durable. Si vous visez juste et que votre cœur est ouvert et pur, reconnaissant de toute cette abondance qui vous entoure, vos désirs les plus profonds se manifesteront sous vos yeux comme par magie.

Message d'alignement

Vous êtes parfois si exclusivement concentrée sur une chose, direction, issue ou attente que vous risquez de rater l'occasion de cerner ce que vous désirez sincèrement. Vous êtes obsédée au point de ne pas voir ce qui vous appartient vraiment, ni ce qui vous serait le plus bénéfique.

La déesse de la chasse vous propose cette tâche d'alignement : relâchez votre concentration et laissez venir à vous l'accomplissement de votre désir, ce qui sera. Que vous atteigniez votre but n'est pas l'essentiel. Reposez vos yeux et relâchez la tension physique. En faisant une pause, vous éviterez de vous tirer dans le pied, en reconnaissant plutôt que vous êtes tant aimée. Vous ne passerez pas à côté de l'amour, du succès ou des opportunités – tout cela vous appartient vraiment. Invoquez la déesse Artémis pour vous rappeler de cette vérité.

MESSAGE D'EMPOWERMENT

Selon Athéna, déesse de l'intelligence et de la stratégie de la mythologie grecque, la connaissance est pouvoir, et vous êtes en ce moment dans la position idéale pour obtenir une plus grande clarté. Votre dur travail porte ses fruits, et tout ce que vous avez appris sur la vie vous a fait parvenir à cet instant. Vos connaissances, vos décisions logiques et vos intentions sont alignées à la Volonté divine. Votre intelligence est motivée, et votre esprit clair. Vous savez ce que vous avez à faire. Le monde fait actuellement sens. Vous n'avez pas à le questionner ni à en débattre. Vous pouvez prendre les choses pour argent comptant. Si vous pensez que cela se tient, c'est la vérité ! Soyez courageuse, mon aimée ; vos rêves les plus précieux sont à votre portée. La déesse Athéna y veillera !

Message d'alignement

Parfois, la logique ne suffit pas pour déterminer ce qu'il en est vraiment de votre situation. En ce moment, les choses ne tiennent pas debout ou n'ont aucun sens, de ce fait, vous vous méfiez peut-être. L'ingéniosité et la curiosité sont requises alors que vous faites face à l'inconnu. Ne tirez pas de conclusions hâtives – toutes les informations restent encore à être révélées, et ce ne sera pas par la force, en y réfléchissant trop, ni en suranalysant.

Athéna vous propose la tâche d'alignement de vous libérer de tout scénario ou de tout espoir projeté, et d'accepter de ne pas avoir toutes les données nécessaires pour faire un choix informé. Demandez de la clarté, restez ouverte et réceptive, puis attendez que la Volonté divine vous réponde. Il s'agit actuellement de la bonne stratégie, de la plus bénéfique, et la déesse Athéna est toujours là pour vous aider.

MESSAGE D'EMPOWERMENT

Vous êtes d'autant plus adorable en étant vous-même. La divinité de la beauté du Japon, Benzaiten, vous rappelle que se connaître, s'accepter et s'honorer en tant qu'être spirituel dans une enveloppe corporelle requiert de prendre soin de soi. Il est maintenant temps de vous soutenir en vous entourant de beauté, et en choisissant de constater son pouvoir dans chaque aspect de votre vie. Si vous vous y engagez, vous serez surprise de toute la beauté qui viendra à votre rencontre.

Ouvrez les yeux sur toutes ces merveilles ; même aux endroits les plus inattendus, la beauté attend d'être découverte. Réfléchissez-y avant de vous détourner de quelqu'un, d'un lieu ou d'un objet : la beauté est partout. Le temps est venu de la découvrir, et la déesse Benzaiten sera votre guide.

Message d'alignement

Votre aptitude à voir la beauté dans votre monde pâtit momentanément d'une baisse d'estime de soi. La déesse de la beauté vous demande si vous avez été retardée par un état d'esprit perfectionniste, ou le refus d'autrui de vous soutenir, ce qui vous a donné le sentiment d'être inférieure et insignifiante ? Quelles que soient les circonstances, il semblerait que vous êtes sous l'emprise d'un sentiment de manque.

Votre tâche d'alignement consiste à reconquérir votre estime personnelle, et à retrouver votre équilibre, en refusant de vous engager dans ces guerres psychologiques conçues pour atténuer votre lumière. Il est temps pour un bilan personnel positif. La déesse Benzaiten est là pour vous rappeler que vous êtes un bel être lumineux, étincelant de puissance et de lumière divines. Vous avez plus que ce qui est nécessaire à votre personnalité, et le monde vous réserve de la beauté en abondance – étape idéale pour abandonner vos vieilles habitudes et repartir de zéro.

MESSAGE D'EMPOWERMENT

Parfois, la vie nous invite dans des situations qui nous ébranlent au plus profond de notre être. Branwen, déesse de la mythologie celtique, pardonna à ceux qui la tuèrent en lui brisant le cœur, et vous demande de vous libérer des graines de ressentiment qui étouffent assurément vos rêves.

Blessé par autrui, on tisse des histoires sur ses blessures et ses pertes qui occupent le cœur et l'esprit. On en vient à se méfier des potentiels de l'amour et de la relation. Indépendamment de votre histoire et de ses origines, le pardon est ici la clé de la libération. Cela permet de guérir et de réparer, en ouvrant le cœur pour donner et recevoir. S'il vous faut pardonner à autrui ou à vous-même, c'est le moment. Gardez le cœur ouvert, et vous pourrez repartir de zéro. Seuls la beauté, la liberté et les trésors sont découverts dans l'esprit du pardon. La déesse Branwen est là pour vous y encourager.

MESSAGE D'ALIGNEMENT

Parfois, sans le vouloir, on cause de la peine ou de la souffrance ; et d'autres fois, on a bel et bien l'intention de faire mal. Il est temps de faire votre bilan et de vous faire pardonner. Votre tâche d'alignement consiste à prendre l'entière responsabilité de vos pensées, sentiments, croyances, motivations et actions. Vous ne le faites pas, cependant, pour faire l'expérience du pardon venant de quelqu'un ou de vous-même, mais pour avoir la force et le courage d'assumer la responsabilité de vos actions. Ainsi, ni la culpabilité, ni la honte, ne pourront prendre racine dans votre cœur. Vous vous tenez debout, vous vous affirmez en toute humilité, la tête haute, indépendamment des conséquences. Vous en bénéficierez toujours en agissant ainsi ! La déesse Branwen dit que la guérison profonde découle de ce courage et de ce respect.

MESSAGE D'EMPOWERMENT

L'inspiration et l'imagination sont actuellement à votre disposition pour vous amuser. Vous accédez sans effort à votre étincelle créative intérieure, et vivez de belles expériences, pleines de sens pour les autres et vous-même. Profitez pleinement de cette période fructueuse. En étant aussi accordée, cela s'apparente à un voyage magique au pays de la Féerie, où tout ce qui scintille est d'or pur, et où votre vie ressemble à une performance artistique grandiose.

La fougueuse déesse de la créativité issue de la mythologie celtique vous demande d'expérimenter de manière ludique avec la beauté artistique de votre vie, de votre travail et de vos amours. Brigit susurre sa musique pétillante au plus profond de votre âme. L'entendez-vous ?

Message d'alignement

Parfois, vous connaissez une baisse de créativité, et vous vous sentez figée dans votre élan, incapable de vous engager dans une direction. Il se pourrait que vous vous posiez des questions sur la prochaine étape avec quelqu'un de nouveau, ou qu'un projet de proportions monstrueuses qui s'annonce vous occupe l'esprit, ou encore, vous ne savez que dire en société. Vous pourriez croire que vous êtes à court de bonnes idées.

Brigit vous propose comme tâche d'alignement de reporter votre attention ailleurs, et de ne pas oublier votre enfance… quand vous peigniez au doigt, dessiniez des bonshommes bâtons, et jouiez avec vos camarades dans le bac à sable ou à l'aire de jeu. Ce qui vous émouvait et vous illuminait alors, c'est cette même étincelle créative apte à vous émouvoir actuellement. La curiosité ludique est ce qu'il vous faut. Ne prenez pas trop au sérieux vos préoccupations du moment, pas plus que vous-même. Il est temps de vous libérer du fardeau des attentes dont vous vous êtes chargée. Ne vous compliquez pas autant les choses. La déesse du foyer, de la forge et de l'inspiration rassemble toutes ses qualités pour vous aider à ranimer votre étincelle !

MESSAGE D'EMPOWERMENT

Vous êtes une enfant au potentiel infini, et Cerridwen, déesse de la mythologie celtique, est là pour vous rappeler le pouvoir qui réside au plus profond de votre cœur, et dans ce calice qu'est votre esprit. Tout ce dont vous avez besoin se met en place actuellement, comme si votre vie se reflétait vivement dans ce liquide doré dans le chaudron magique de transformation de Cerridwen. Imaginez la grandeur, et elle sera ; envisagez la paix, et elle sera. Choisissez l'amour, la gratitude, et la foi dans la magie divine qui circule en vous, les seuls ingrédients nécessaires pour que la déesse Cerridwen fasse opérer pour vous sa magie transformatrice.

Indépendamment des limitations imposées sur votre Univers par le destin, votre culture ou votre conditionnement, votre véritable destin se met en place pour vous. Vous pouvez être tout ce que vous imaginez. N'oubliez pas : rêvez et ayez confiance dans le fait que tout ce qui vous est nécessaire existe, pour que ce rêve se fasse réalité. Telle est la promesse de la déesse Cerridwen.

Message d'alignement

En vous complaisant dans votre zone de confort, votre situation actuelle risque de ne jamais évoluer. Votre véritable potentiel, demeuré dormant et inaccessible, peut se manifester par un vague ennui, une envie d'autre chose, d'autres personnes, ou encore une anxiété accompagnée d'une faible estime de soi, renforcée par l'idée systématique, ou l'obsession, que la vie est étonnante pour tout le monde, sauf pour vous. Or, dans tant de nombreux cas, ce sentiment vous a simplement été inculqué après des générations et des générations de répression et de conformité.

La déesse Cerridwen se présente pour vous rappeler qu'il est temps de rectifier le parcours. Votre tâche d'alignement consiste à inverser la situation, en vous libérant de tout jugement à votre encontre ou envers autrui, et en vous réappropriant ces rêves que vous avez apparemment perdus. Notez-les et fixez-vous des intentions. Puis regardez dans le miroir, en imaginant que vous plongez du regard dans le chaudron de transformation de Cerridwen, et énoncez à voix haute vos rêves comme s'ils s'étaient déjà réalisés. Vous êtes tellement plus que vous ne vous l'autorisez. Il ne découlera que des bénéfices de votre évolution.

Vos rêves et vos désirs chéris sont importants pour le Divin ! La voie est simple et profonde. Dites simplement oui avec gratitude, du fond du cœur, et la déesse Cerridwen vous guidera vers la découverte de votre bien suprême.

MESSAGE D'EMPOWERMENT

L'apparition de Danu, déesse de la terre de la mythologie celtique, qui donna naissance à la magie, laisse augurer l'accomplissement de vos désirs, et la concrétisation de vos rêves. Quelle que soit votre question, Danu vous assure que vous êtes en devenir ! Il est temps d'avoir confiance dans le fait que ce que vous avez planté, planifié et pour lequel vous avez travaillé dur va être mis au monde avec amour ; tout ce que vous avez à faire, c'est suivre le cours des événements, et vous préparer à la prochaine opportunité.

Tout a sa saison idéale. Tout comme les sols en jachère portent la promesse d'une nouvelle vie au printemps, comme ordonnée par magie de l'invisible au visible, Danu vous offre sa promesse d'une assurance bien enracinée.

Message d'alignement

Vous vous demandez certains jours si vous êtes sur la bonne voie, si vos rêves sont viables, si vous avez ce qu'il faut pour vous démarquer et briller. Il se pourrait que vous connaissiez une traversée du désert, où il semblerait que rien ne se passe, ce qui vous incite à douter de vous.

Quand cette déesse de la terre apparaît, elle vous rappelle la promesse d'une vie nouvelle. Tout comme les champs sont souvent laissés intentionnellement en jachère, il se pourrait que cette apparente « traversée du désert » que vous connaissez corresponde, en fait, à une période de préparation. Sous la surface de votre vie apparente circule un courant d'abondance qui nourrit les racines des jeunes pousses issues de vos intentions semées dans le champ de vos rêves. Vivez au quotidien en gardant confiance. Danu vous assure que vos désirs prendront forme en temps divin, encore plus magiquement que vous n'auriez pu l'imaginer !

MESSAGE D'EMPOWERMENT

Donner à autrui est un sentiment merveilleux ! Quand on a une bonne estime de soi, on veut partager son amour, son inspiration et son expérience, et l'échange donne l'impression d'être pur. Les limites sont fluides, mais bien établies.

Déméter, déesse des céréales, des moissons et de la maternité du panthéon grec, vous rappelle qu'une récolte doit être partagée. Vous puisez actuellement dans votre amour nourrissant, qui est abondant, et vos actions bienveillantes seront reçues avec gratitude et, d'une certaine façon, vous seront rendues au centuple.

Il est temps de vous nourrir aussi, car donner et recevoir se doit d'être équilibré. Autorisez-vous à ressentir comment l'Univers s'apparente à une merveilleuse mère nourricière, toujours présente quand vous avez besoin d'elle. Déméter vous dit d'avoir confiance dans le fait d'être aimée et qu'on prend soin de vous toute la journée, chaque jour et pour l'éternité – surtout actuellement.

MESSAGE D'ALIGNEMENT

Donnez-vous parfois trop aux autres, au point d'être comme un puits à sec ? Il se pourrait que vous attiriez certaines personnes en manque d'affection qui veulent que vous vous occupiez d'elles, ou que vous suiviez un mode de comportement qui vous incite à faire plaisir aux gens par peur de poser des limites. Il y a un côté épineux à ce genre de relations, basées sur le besoin de ressentir qu'on a besoin de soi. Même si vous gardez à l'esprit les répercussions éventuelles après avoir posé des limites, votre corps s'accroche à la peur ; de ce fait, il peut s'avérer effrayant de procéder au changement. Personne ne veut admettre être manipulateur ou codépendant, mais il est important d'être honnête sur votre situation actuelle.

Déméter connaît le prix de cette façon d'être, car cela lui valut de perdre ce qui lui était le plus cher ; maintenant, elle se présente pour vous indiquer une autre voie. Votre tâche d'alignement est de reconnaître qu'il est temps de prendre du recul et une bonne respiration, et de dire non face à certains comportements ou individus qui vous épuisent. Rien n'est plus simple ! Le Divin a un plan. Rassemblez votre amour, ce qui vous nourrit, et votre estime personnelle. Choisissez comment nourrir et être nourrie à votre tour. Vous êtes tellement aimée quand la déesse Déméter vous apporte son énergie nourricière pour vous aider à rectifier le parcours.

MESSAGE D'EMPOWERMENT

Avez-vous remarqué des récurrences dans votre vie ayant mené à des expériences positives ? Développer des habitudes positives introduit de nouveaux motifs récurrents dans la trame de la réalité, et aidera vos rêves à prendre forme dans le monde matériel. Une prise de conscience et de la discipline sont nécessaires pour les concrétiser, mais vous en êtes capable. Il est temps de vous abandonner à un nouveau bonheur. Auquel cas, Elen, déesse des récurrences qui montre le chemin dans la mythologie celtique, vous indiquera une nouvelle voie pour atteindre vos rêves.

Toutes sortes de miracles sont possibles ! Il est aussi temps de construire des ponts pour combler ce qui vous sépare en ce moment des autres. La voie est libre ; la direction vous sera indiquée quand vous ferez de nouveaux choix pour votre vie avec, comme guide enjouée, la déesse du nom d'« Elen qui montre le chemin ».

Message d'alignement

Des récurrences familières se présentent quand vous vous assoupissez au volant de votre vie, ou quand vous espérez que les choses se passent d'une certaine façon, par la force de l'habitude. Quelle que soit la situation qui se répète pour vous actuellement, vous êtes invitée à la voir comme une occasion de dépasser les limites de votre déception prévisible, ou de votre comportement habituel. En faisant ce que vous avez toujours fait, attendez-vous au retour de ces récurrences. Si vous ne voulez pas recevoir les mêmes enseignements, ou vous retrouver sur la même voie avec les mêmes personnes, dans les mêmes conditions, et pour les mêmes résultats, il vous faut choisir de penser, de procéder et d'agir autrement.

Elen qui montre le chemin vous propose cette tâche d'alignement : engagez-vous à changer votre façon de faire et à choisir d'explorer de nouvelles voies. Il est temps de considérer ce besoin de vous demander invariablement quand le prochain problème va se présenter, et comment vous faites pour rester en territoire familier tout en en étant insatisfaite. Elen vous indiquera la sortie. Il ne tient qu'à vous d'en tenir compte.

Message d'empowerment

L'espoir et une vie nouvelle s'épanouissent partout dans votre existence actuelle, ce qu'il faut célébrer. Éostre, déesse de la mythologie germanique, chante pour vous, en vous assurant que vos intentions sont en dormance depuis trop longtemps. En sa présence, porteuse du pouvoir fertile annonciateur du printemps, vous pourriez ressentir une ruée d'énergie pour mettre en œuvre de nouvelles idées.

Vous vous sentez en pleine possession de vos moyens pour accomplir tant de choses en ce moment, un sentiment de nouveauté imprégnant votre vie. De nouvelles opportunités se présentent inopinément. Vous vous sentez prête, car vous vous apprêtez à connaître le succès dans tout domaine qui vous intéresse. Laissez les nouvelles expériences suivre leur cours comme prévu ; en adoptant un « état d'esprit novice », vous resterez ouverte à ce que la vie vous offrira, et vous vous en féliciterez. Profitez bien de cette merveilleuse période de nouveaux départs, et accueillez les présents que la déesse Éostre vous réserve !

MESSAGE D'ALIGNEMENT

Cherchez le potentiel caché dans des relations ou des opportunités prometteuses. La difficulté se présente lorsque l'on pense déjà savoir comment les choses vont se dérouler. Vous risquez d'agir trop vite, ou de rater une expérience surprenante juste à votre portée en regardant ailleurs. Le véritable enseignement n'est pas de savoir si quelque chose va fonctionner, mais comment canaliser votre curiosité pour vivre quelque chose de nouveau.

La vie est source d'enseignements et, en ce moment même, votre tâche d'alignement consiste à être présente à ce qui est, ce qui est en soi parfait. Considérez ce que votre vie vous a appris, et comment ces enseignements se répètent. Vous découvrirez qu'en étant parvenue à les assimiler, vous comprendrez pourquoi vous êtes dans votre situation actuelle. Tout a sa raison d'être pour une nouvelle vie. Même les déceptions peuvent se transformer en miracles. Ayez confiance dans le fait que la déesse de l'aube, Éostre, apportera à votre cœur la lumière et l'espoir pour la bonne cause. Même si cela ne correspond pas à vos attentes, ce n'en sera pas moins magnifique.

MESSAGE D'EMPOWERMENT

Il est actuellement nécessaire de faire face au monde avec un sentiment de sécurité et une estime de soi positive. Associée au cheval, Épona, déesse des conseils de la mythologie celtique incarnant des qualités de dirigeante, vous offre sa sagesse ; sachez que vous avez ce qu'il faut pour en tenir compte. Vous pouvez faire tout ce qui retient votre attention, et accomplirez facilement ce qui est nécessaire pour que vos intentions prennent forme. Que vous en ayez ou non conscience, la façon dont vous gérez vos accomplissements, y compris vos échecs et vos pertes, façonne la voie que les autres suivent pour avancer. La sagesse se développe en vous. En étant loyale envers vous-même, et en mettant l'intégrité et l'humilité sur un pied d'égalité avec l'enthousiasme, vous deviendrez une cheffe pleine de sagesse, en effet – dont la déesse Épona sera fière.

Message d'alignement

Vous montrer trop sûre de vous ou trop déterminée à passer à l'action ne vous est pas conseillé en ce moment. Si vous craignez de faire une erreur ou vous inquiétez de vous compromettre en quelque sorte, ou de décevoir quelqu'un, considérez cette période pour rassembler et évaluer les détails. Comme la déesse Épona le sait, tous les chemins ne sont pas censés être explorés ; toutes les batailles ne sont pas nécessairement à mener ; toutes les opportunités ne se déroulent pas obligatoirement comme prévu. Prenez garde à la tendance à viser trop haut. Vous avez parcouru un long chemin, et le meilleur chef sait quand faire une pause. Votre tâche consiste à vous maîtriser en respirant profondément, en ayant totalement confiance dans le fait que, quand le temps sera venu d'agir, la déesse Épona vous guidera. Mieux vaut ne pas agir trop vite sous l'influence de la peur ou d'un sentiment d'insécurité, voire d'un orgueil démesuré, car vous perdrez assurément pied, comme votre position.

Reprenez courage, car c'est le moment idéal pour faire une pause et découvrir ce que la déesse Épona vous réserve vraiment. Le Divin veille sur votre sécurité à tous points de vue. Vous n'avez plus qu'à attendre.

Message d'empowerment

Si pour vous, la vie s'apparente à un champ de bataille, un moyen plus facile d'exister dans le monde vous échappe. Pouvez-vous supporter d'être en plein chaos en vous autorisant à vous centrer dans ce doux fredonnement de l'œil de la tempête ? Permettez à la paix de Freyja, déesse de la guerre de la mythologie nordique, d'imprégner votre esprit. Dans l'agitation de la bataille, elle venait récupérer les guerriers tombés pour les emmener se rétablir en un lieu de repos.

Freyja est ici pour vous rappeler que l'acceptation de la défaite n'est pas une fin en soi. Elle vous offre le cadeau de l'acceptation, la connaissance qu'il n'y a rien contre lequel résister actuellement. Prenez votre monde pour argent comptant, et approfondissez-le avec discernement. Quand vous y verrez plus clair, en ne le prenant pas aussi personnellement, vous n'aurez plus du tout à vous battre. En faisant le bilan total de votre situation, en vous résignant à ce qui est, vous serez en mesure d'évoluer à un niveau supérieur, de recommencer, ou d'attendre que le drame se dissipe de lui-même.

Vous incarnez la force, la plus ancrée et la plus puissante, en vous rappelant qu'il s'agit de la stratégie que vous propose la déesse Freyja en guise de soutien.

Message d'alignement

L'échec et la déception font partie de la vie, et rares sont ceux qui parviennent à l'accepter. Il se pourrait qu'un poste que vous souhaitiez décrocher ne se matérialise pas, que la personne que vous pensiez être « votre élu·e » trahisse vos espoirs et vos attentes, ou que vos enfants se comportent mal. Ou encore, qu'un projet créatif sur le long terme n'apporte pas le succès escompté, ou que l'on vous ait blessée sans raison apparente.

Déesse de la guerre et de l'acceptation absolue, Freyja vous dit de ne pas avoir peur, que ce n'est que temporaire. Ce n'est pas le moment de vous attarder sur des perceptions influencées par une faible estime de vous-même ! Votre tâche d'alignement est d'accepter la vérité de tout votre cœur, et de voir la situation telle qu'elle est vraiment. Ainsi, vous serez guidée vers un lieu de renonciation où vous aurez le temps de vous rétablir. Freyja sait que vous en ressortirez plus forte et plus sage. Il n'en découlera que du bien. Faites-lui confiance, elle veille sur vous.

MESSAGE D'EMPOWERMENT

Vous ancrer, ralentir et rester présente à votre corps est le message que la déesse Gaïa du panthéon grec vous transmet actuellement. Vous avez peut-être passé dernièrement trop de temps à cogiter, et n'avez pas autant pris soin de vous que vous l'auriez désiré. Trouvez votre rythme, veillez à dormir suffisamment, engagez-vous à passer plus de temps dans la nature, et alimentez-vous en veillant à consommer des produits de l'économie durable. Gaïa, la terre, mère de toute vie, vous invite à être attentive à votre corps, car vous êtes un être de la terre, ainsi qu'un esprit.

Vous faites partie de cette terre vivante, la fondation de toute vie de forme physique. Quelle forme prend actuellement votre vie ? C'est le moment idéal pour l'évaluer plus attentivement, afin d'être sûre d'en être satisfaite. On vous demande aussi d'examiner les fondations de ce que vous construisez en ce moment. Sont-elles solides et stables ? La période est parfaite pour vous concentrer sur la stabilité et la sécurité, en vous assurant d'avancer en gardant les pieds sur terre.

La déesse Gaïa vous rappelle que la terre est l'aire de jeux de la manifestation consciente, de ce fait, respectez cette vérité.

Message d'alignement

En éparpillant votre énergie et en laissant la peur s'enraciner, vous risquez de ne plus avoir les pieds sur terre ou de perdre le sens de la réalité, et de vous dissocier de votre véritable nature en tant qu'être spirituel vivant une expérience humaine. Il est maintenant nécessaire de trouver ces fissures dans les fondations de la vie que vous vous êtes construite. Ne serait-ce qu'un aspect hors alignement de votre vie risque d'affecter tout le reste.

Ancrez-vous avec Gaïa, la Terre Mère ; elle souhaite que vous appréciiez vivement de créer le monde où vous vivez. Votre tâche d'alignement consiste à inventorier courageusement où, comment et avec qui vous vivez votre vie. Les choix que vous faites épuisent-ils votre énergie ? Êtes-vous épuisée physiquement ? Acceptez-vous moins que ce que vous valez ? Consacrez maintenant vos efforts à réparer les fondations de votre vie, et à recommencer. Vous serez si heureuse des résultats que vous vous demanderez pourquoi vous ne l'avez pas fait plus tôt ! La déesse Gaïa soutient chacune de vos actions.

MESSAGE D'EMPOWERMENT

Le Divin vous a conçue pour exister, dans l'intention de vous confier la mission d'explorer la vie par rapport à certaines limitations perçues. Vous êtes censée apprendre la vie et toutes ses complexités et, notamment, comment vivre en communauté. Tara verte, une déesse du Tibet, ou « celle qui sauve », vous assure que vous ne serez jamais seule dans ce voyage qu'est la vie. Pleine de compassion, cette déesse salvatrice de l'amitié intime veillera à ce que les bonnes personnes se présentent au bon moment.

Tara verte vous rappelle que vos besoins seront toujours satisfaits ; cependant, vous n'avez pas à savoir « comment », car il s'agit de son domaine. Contentez-vous d'avoir confiance, et la déesse Tara verte fera opérer pour vous sa magie. Vous êtes en sécurité, et toujours sous la protection du Divin.

Message d'alignement

Tara verte, ou « celle qui sauve », se présente pour vous rappeler que le salut dépend de votre empressement à vous libérer de vos conflits égotiques, et à remettre vos manques et vos désirs non satisfaits au Divin. Vous retrouvez-vous entraînée dans une spirale d'insatisfactions omniprésentes ? Vous comparez-vous aux autres en n'ayant pas le succès escompté ? Que vos besoins se manifestent sous la seule forme que vous accepterez est-il pour vous un dû ? Si vous êtes en proie à l'envie et aux manques, vous êtes comme un fantôme à jamais affamé, aveugle aux opportunités qui vous sont exclusivement réservées.

N'ayez crainte ! Tout comme un véritable ami vous laissera savoir quand vous vous éloignez du droit chemin, Tara verte vous indiquera que vous êtes hors alignement. Elle vous sauvera de ces aspects destructeurs de l'orgueil démesuré, du sentiment que tout est un dû, et de l'élitisme, ainsi que de cette impression de manque, grâce à cette tâche d'alignement : accordez-vous de nouveau à vous-même et au monde. Tout d'abord, sachez que vous êtes précisément où il vous faut être actuellement. Et si cela signifie dans le désert quelque temps, c'est parfait. Au lieu de regarder ce qui n'est pas là, bénissez avec une profonde gratitude chaque aspect minime de votre vie. Tara verte vous montrera que le monde est votre allié – et que vous n'avez fait que lutter contre vous-même. Vous reconnaîtrez alors que la terre est source de joie et d'abondance.

MESSAGE D'EMPOWERMENT

Gula, déesse de la médecine et de la guérison du panthéon babylonien, se présente pour vous guider en tant que bénédiction, et pour votre bien-être. Vous êtes invitée à aborder les domaines de votre vie auxquels il vous faut remédier. Il se pourrait que vous ayez avancé si rapidement dans votre existence que vous en ayez oublié de prendre soin de vous, ou que les histoires que vous vous racontez à votre sujet aient besoin d'être assainies. On ne voit pas toujours que l'on blesse les autres ou soi-même.

Reprenez courage, car Gula se présente dans votre monde comme une alliée, disant qu'il est actuellement plus propice de vous concentrer sur la guérison dans tous les domaines de votre vie. Il ne découlera que de bonnes choses de vos actions. En fait, c'est aussi le moment idéal pour veiller à remédier à des ruptures avec autrui. Soyez sincère, et invoquez Gula pour cet engagement précieux.

Vous pourriez aussi être invitée à suivre à présent la voie de la guérisseuse. Auquel cas, la déesse Gula vous y encourage de tout cœur ! Il vous suffit d'y être disposée, de respecter autrui, et de ne nuire à personne – les miracles se manifesteront comme par magie.

MESSAGE D'ALIGNEMENT

La déesse Gula vous invite à reconnaître que vous n'avez plus d'énergie. Il ne vous reste plus rien à donner. Vous êtes au bout du rouleau, et il vous faut arrêter ce que vous faites pour considérer les implications de vos actions devenues ingérables. Vaudrait-il mieux limiter votre tendance enthousiaste à dire oui à tout ? Auriez-vous laissé les autres vous épuiser en ayant le sentiment que c'est votre devoir de les écouter, de les aimer et de les soigner ? Vos proches s'accrochent-ils à leurs histoires de victimes en continuant à vous les imposer ? Votre tâche d'alignement consiste à prendre du recul pour discerner le vrai du faux, à faire d'autres choix, et peut-être à penser à vous avant tout. Vous vous en féliciterez. N'oubliez simplement pas que c'est parfois un choix de guérison de faire une pause, et de ne penser qu'à vous, pour changer.

MESSAGE D'EMPOWERMENT

Vous vous trouvez dans les espaces liminaires entre ce qui fut et ce qui sera – qui vous avez été et qui vous devenez. Hécate, déesse de la mythologie grecque des carrefours et de l'entre-deux, vous accueille dans son domaine, et vous rappelle que vous n'êtes chez vous dans aucun de ces lieux. Elle vous confie la tâche de choisir soigneusement où diriger vos pensées, sentiments, croyances et actions. Ce n'est pas le moment pour des actions hâtives ou l'obstination, mais plutôt pour un bilan personnel. Bénissez le passé pour ce qu'il vous a apporté, et libérez-vous de tous ces attachements liés aux histoires anciennes. Il est maintenant temps de comprendre les responsabilités que l'on requiert de vous, tandis que vous évoluez en une nouvelle version de vous-même, encore informe.

Qui voulez-vous devenir ? Quel genre de vie êtes-vous prête à vivre, et comment allez-vous céder votre pouvoir pour cocréer un nouveau monde bénéfique aux autres, et non juste pour vous ? La magie d'Hécate pulse en vous, et vous demande de répondre. Dites oui, puis faites un pas dans l'inconnu pour découvrir ce qui n'est pas encore manifeste. Dès que vous l'aurez fait, la déesse Hécate illuminera votre voie de sa torche éternelle.

MESSAGE D'ALIGNEMENT

Vous vous retrouvez parfois coincée entre des situations, incapable de revenir à la façon dont étaient les choses, et effrayée d'avancer sans savoir à quoi vous faites face. Cette indécision peut être paralysante, mais vous ne pourrez pas rester pour toujours dans cet entre-deux.

La déesse Hécate vous propose une tâche d'alignement sacrée : passez à l'action. Que vous hésitiez ou échouiez, vous pourrez toujours rectifier le parcours. Donnez de l'amour à cette partie de vous-même qui a peur et a perdu la foi. N'oubliez pas, vous n'êtes pas seule, car la déesse Hécate ne vous abandonnera pas dans le noir, et vous n'y resterez pas longtemps ! Considérez, en avançant dans la vie, le défi sacré consistant à faire confiance à la magie qui fait chanter avec sens ce monde, et votre contribution à celui-ci.

N'ayez pas peur d'entrer dans l'obscurité. La déesse Hécate vous indiquera la sortie de sa torche brandie.

MESSAGE D'EMPOWERMENT

Héra, déesse de la mythologie grecque, épouse de Zeus, savait intimement que les alliances positives mènent à de grands pouvoirs. En ce moment, vous êtes comme un aimant, apte à recevoir de l'aide de ceux ayant davantage de sagesse, qui peuvent vous aider à accéder au prochain niveau. Ce pourrait être un conseiller qui se présente, ou quelqu'un « au courant ». Nouer des liens et établir des partenariats stratégiques est actuellement favorisé, tandis que vous explorez la nature de ce que signifie développer votre empowerment grâce à l'association. Cela fonctionne bien si vous avez une bonne estime de vous-même, et si vous pouvez apprendre sans y perdre d'une certaine façon.

Dès maintenant, Héra vous encourage à former des alliances bénéfiques pour le bien de tous. Si vous êtes poussée à agir ou faites face à une décision, demandez : « Quels bénéfices vais-je en tirer, et comment puis-je servir le bien suprême à la suite de cette relation ? » Vous pourriez être aussi sollicitée pour apporter de l'aide à quelqu'un. N'hésitez pas à donner, il n'en découlera que du bien. La période est merveilleusement propice à toutes sortes de relations et de collaborations !

Message d'alignement

Un malaise s'installe si vous êtes dans une dynamique malsaine en quête de pouvoir. Vous pourriez rivaliser avec les autres, et leur reprocher de vous mettre dans l'embarras, comme le fit la déesse Héra, confrontée aux preuves des nombreuses infidélités de son époux, Zeus. Comme elle, vous pourriez même aller jusqu'à prendre la défense de quelqu'un qui abuse de ses pouvoirs, afin d'éviter de voir votre propre rôle dans ce mythe qui se perpétue : il faut agir d'une certaine façon pour être accepté ou apprécié. Vous pourriez penser que les bénéfices de votre cécité délibérée l'emportent sur le prix à payer, mais Héra sait que cela ne vous servira pas en tant que personne souveraine responsabilisée.

La peur et le déni, une puissante hypnose, sont d'autant plus transmis de génération en génération. Personne ne choisit intentionnellement cette dynamique. Seriez-vous restée dans une relation irrespectueuse en ayant le sentiment que cette alliance vous était en quelque sorte utile ? Héra souhaite que vous preniez conscience de ces traits de caractère en vous, et que vous vous responsabilisiez, sans vous rallier au pouvoir dominant pour bénéficier d'un faux sentiment de sécurité.

Gardez la tête haute et choisissez des partenariats collaboratifs, où se vérifient un profond respect et un encouragement mutuels. Ne cherchez pas ce qui est populaire, ou un faire-valoir ; cela ne dure pas. Recherchez l'égalité, et considérez-vous méritante. Demandez-vous : « Qui serais-je sans cette dynamique/personne/situation ? » Ouvrir les yeux et opter pour une autre voie est votre tâche d'alignement. Soyez en accord avec vous-même et alignez-vous sur la Grande Déesse qui pulse dans votre cœur et le monde entier – c'est elle qui possède le véritable pouvoir.

MESSAGE D'EMPOWERMENT

Vous sentir bien dans votre peau est ce que la déesse de la mythologie grecque du foyer, Hestia, vous propose aujourd'hui. En alignement avec votre Moi le plus authentique, vous avez l'impression que tout ce que vous faites convient à la perfection. Il est aussi temps d'évaluer en profondeur votre environnement domestique, pour veiller à vous entourer de beaux objets ayant à vos yeux une signification particulière et positive.

Faire le ménage, nettoyer et prendre soin de ces petits riens est ce qui est nécessaire actuellement. (« Coupe le bois et porte l'eau », comme le dit le *kōan* du bouddhisme zen.) Les réponses aux questions majeures se présentent d'elles-mêmes quand on se concentre sur de menues tâches. La déesse Hestia vous rappelle qu'en vous sentant bien en étant vous-même, vous vous sentirez comme chez vous partout dans le monde.

Message d'alignement

Y a-t-il beaucoup trop de fatras chez vous ou au bureau ? Gardez-vous des objets ou des vêtements liés à des événements négatifs ? Chaque chose contient de l'énergie et raconte une histoire particulière. Ces pantalons devenus trop serrés vous remplissent de honte ; ce cadeau d'un·e ex semble vous narguer en vous rappelant des déceptions ou des ressentiments ; ces livres vous hurlent littéralement que vous ne les lirez jamais. Qui a besoin de toute cette cacophonie ?

La déesse Hestia, qui règne sur le foyer, vous propose cette tâche d'alignement : faites méticuleusement le ménage chez vous. Désencombrez et faites de la place autour de vous. Puis procédez de même dans votre esprit, peut-être encombré par de vieilles histoires ne présentant plus aucun intérêt.

Éloignez-vous de ces situations dans lesquelles vous savez n'avoir rien à faire. Débarrassez-vous de tout ça. En éliminant les distractions superflues, il est surprenant de constater que vos intentions se rassemblent comme par magie. Faites de la place pour ces miracles que vous réserve la déesse Hestia. C'est du travail, en effet, mais qui en vaut la peine !

Message d'empowerment

La clarté dans la communication est requise, car, en ce moment, vos paroles vont avoir un grand impact sur les autres. La période est propice pour commencer à écrire ce livre, raconter des histoires originales, partager avec autrui votre expérience, votre force et l'espoir. Vous avez l'attention de tout un chacun, choisissez par conséquent votre message avec sagesse. Les autres souhaitant aussi communiquer avec vous, positivement et fructueusement, préparez-vous à ce que de nouvelles opportunités surprenantes proviennent de ces discussions. N'oubliez simplement pas de rester ouverte et d'exprimer clairement vos désirs les plus profonds, toujours avec intégrité, gentillesse et respect envers les autres et vous-même. Iris, la déesse messagère des dieux de l'Olympe, est très enthousiaste de contribuer à ce que vos paroles prennent leur essor. Quand elle se présente, la communication s'améliore dans toutes vos relations.

Cependant, Iris vous parle de la communication que vous avez avec l'Univers. Vous êtes engagés dans un dialogue, et il est temps de prêter attention aux signes et présages dans votre vie. Fiez-vous à cette communication importante, mais subtile, qui ne vous détournera jamais du droit chemin si vous êtes à l'écoute, et agissez en fonction.

MESSAGE D'ALIGNEMENT

Vous faites face à une période où la communication avec autrui est coupée. Il se pourrait qu'on vous cache certaines informations. Il est temps de demander des explications pour clarifier la situation, et d'être vous-même claire. Si vous êtes indécise ou avez certaines réticences au sujet de votre direction, dites-le. N'ayez pas peur d'entendre ce qui pourrait vous décevoir. Soyez claire et demandez qu'on le soit avec vous.

La déesse connaît l'importance d'une communication sans équivoque, et vous invite vivement à vous faire entendre. Si vous venez d'un milieu, d'une famille ou d'une histoire culturelle où vous n'avez pas eu la possibilité de vous exprimer, cela vous donnera peut-être l'impression de hurler – mais ce n'est pas grave. Les temps changent, ce n'est pas le moment d'être timide. Il est tout à fait acceptable de vous sentir maladroite ou troublée. Mais la déesse Iris vous apporte ses pouvoirs de clarté, et vous dit que c'est à votre tour d'être entendue, prenez donc votre courage à deux mains. Les personnes importantes pour vous vous écouteront et en attesteront, puis vous pourrez engager une conversation positive menant à des solutions venant du fond du cœur.

Même si votre voix ne semble pas vous ressembler, il vous faut néanmoins exprimer le fond de votre pensée, afin de guérir ou de changer de mentalité, ou trouver comment accéder à la vérité authentique. Faites-vous entendre, et la Grande Déesse vous enverra de puissants enseignants et de merveilleux alliés.

MESSAGE D'EMPOWERMENT

Votre relation intime avec le monde invisible est sollicitée en ce moment même, alors que vous abordez des contrées et des situations inexplorées. Il est temps de communier avec la Grande Déesse, l'aspect de l'Univers conscient dans sa forme la plus collaborative. Le monde devient alors votre oracle en s'ouvrant, et en vous transmettant tout ce qui vous est nécessaire, par des signes, des présages et des messages. Il est temps de prêter attention aux synchronicités, comme à ces moments où la logique et la raison échouent à vous présenter le tableau d'ensemble.

Ishtar, déesse du panthéon mésopotamien, vous rappelle cette époque dans ses anciens temples, quand ses prêtresses rendaient des oracles en communiant avec la Déesse, et transmettaient sa sagesse aux gens en quête de conseils. Considérez chaque aspect de votre vie comme une opportunité de communion, en oubliant votre égocentrisme, et en vous connectant intimement, de manière sacrée, à la Source. Vous ne prierez pas à genoux comme une suppliante. Vous coopérerez avec la Grande Déesse, votre partenaire dans la cocréation, en participant à la création des mondes. Vous n'aurez besoin de personne pour venir vous secourir en agissant en pleine possession de votre pouvoir, éveillée et consciente du merveilleux miracle auquel vous contribuez.

MESSAGE D'ALIGNEMENT

Refuser de voir les signes risque finalement de vous entraîner sur une voie qu'il serait vraiment préférable d'éviter. Quand des signes avant-coureurs vous indiquent que quelque chose ne va pas, cela ne veut pas dire de vous lancer, mais que ce n'est pas pour vous. Ce n'est pas encore le moment. Cela reste à être révélé.

Si vous choisissez cependant d'y aller coûte que coûte, vous risquez de vous exposer à une vieille leçon que vous préféreriez ne pas avoir à réapprendre. En vous accrochant à un certain aboutissement, incapable de considérer une autre option, vous pourriez dire : « Même si l'oracle a dit que cela n'était pas dans mon intérêt, je vais le faire. » En vérité, la déesse Ishtar vous propose maintenant cette tâche d'alignement : fiez-vous à ce que la sagesse de l'Univers vous apportera, sous une forme parfaite, mais au moment divin. Cela signifie qu'il vous faudra peut-être patienter un peu. Reprenez contact avec la Déesse, votre partenaire, en étant confiante dans le fait que l'on ne vous laissera pas derrière. Cette relation est au cœur même de toute chose.

Message d'empowerment

Le processus de récupération de l'âme, de résurrection et de renaissance est un thème récurrent dans les histoires de la déesse du panthéon égyptien Isis, et ce qu'elle vous invite à aborder maintenant. Le moment est puissamment propice pour voir en partie ce que vous pensiez avoir perdu traverser un processus de régénération vers la résurrection !

Comme par magie, les fragments de votre personnalité considérés comme perdus dans d'anciennes blessures ou de vieilles histoires sont prêts à être récupérés sous une version plus saine, plus mûre. Là où vous étiez sans espoir, il y en a maintenant ; là où vous aviez perdu la foi, vous avez actuellement la capacité d'en avoir encore plus ; là où il y avait de l'iniquité et de l'injustice, vous pouvez voir à présent une meilleure voie ; là où vous aviez été abandonnée, vous êtes maintenant en mesure de vous choisir. Vous êtes prête à faire face à ces facettes de vous-même, et à les rassembler, en évoluant vers une version renouvelée, plus puissante, relativement à vous-même, votre travail, vos relations et votre créativité. Prenez courage ! Renoncez aux reproches, revendiquez votre responsabilisation, puis cocréez quelque chose de mieux. Vous en êtes capable ! La déesse Isis, puissante partisane de votre évolution, se présente pour y contribuer.

MESSAGE D'ALIGNEMENT

La déesse Isis, avec ses pouvoirs de réincarnation, a un message pour vous : vous n'êtes pas brisée. Vous n'êtes pas irrémédiablement blessée, et les opportunités ne sont pas nécessairement perdues à jamais. Vous définir sans cesse en fonction de ce que vous avez vécu comme pertes et blessures ne vous sert en rien actuellement. Votre tâche d'alignement est d'accepter totalement les choses comme elles sont, de trouver un moyen de rassembler les morceaux, de laisser mourir ce qui ne vous sert plus, et de vous concentrer sur ce qui fonctionne. Tant de bienfaits découleront de cette situation, même si, en ce moment, vous vous sentez piégée.

La déesse Isis ne veut que votre bonheur. Alliée farouche, elle vous mettra au défi si vous vous éloignez du droit chemin. Alors récupérez les morceaux, racontez une autre histoire, et retrouvez votre foyer. Vous serez surprise de voir comment de magnifiques choses affluent si vous rejetez le piège créé par ces histoires que vous vous racontez. Vous avez la solution. Faites-en bon usage.

MESSAGE D'EMPOWERMENT

Vous êtes invitée par Kali, déesse de l'hindouisme de la libération et de la révolution, à vous intéresser à ces aspects du côté obscur de votre nature qui vous ont retenue en otage, en entretenant de vieilles idées qui ne rendent pas service à la personne que vous voulez devenir. En espérant réussir dans la vie, vous ne pouvez plus vous définir en fonction de votre histoire de victime. De la beauté réside dans la libération, celle de la profondeur, de la férocité et du courage. Elle émerge de la volonté de briser les chaînes du passé, vers une nouvelle transformation.

Vous pourriez avoir peur de poser des limites avec autrui, mais la déesse Kali est venue vous prêter ses dagues, car il vous faut couper ces liens avec ces certitudes bien ancrées sur la vie qui ont déterminé votre place dans le monde jusqu'ici. Vous seriez-vous retenue de briller par peur des représailles ou du jugement d'autrui ? Il vous faut entrer dans la vie, authentique et irradiante. Refusez de vous laisser influencer par le jugement des autres. Chaque jour, revendiquez votre pouvoir et ne faites plus attention à ce que l'on pense de vous. Vous êtes en quête de sagesse pour vivre et contribuer, même s'il vous faut démolir ce qui était construit.

Kali vous aidera chaque fois que vous aurez besoin de courage, même quand vous serez le plus effrayée. Soyez féroce et aimante, et prête à apprendre. La vie y répondra par des miracles.

Message d'alignement

Quand colère et ressentiment s'enveniment sous la surface, les émotions non traitées frémissent jusqu'au point de non-retour. Il est facile de projeter de la colère, de l'envie et une ancienne rage héritée contre ceux perçus comme source de notre insatisfaction. Quand quelque chose déclenche ces émotions, on risque aussi de les projeter sur des inconnus ou nos proches. Quand tant de souffrance est provoquée dans le monde, personne n'est gagnant.

Soyez courageuse, vous n'êtes pas seule. Sachez qu'il faut à la rage et à la fureur une occasion de s'exprimer, et que vous pouvez exploiter cette énergie pour obtenir des résultats extraordinaires, et trouver une nouvelle voie. Kali vous offre ses dagues pour vous permettre de rompre les liens avec ces histoires que vous vous racontez au sujet de votre passé, une fois que vous les aurez exprimées et assimilées. Quelle que soit votre situation, votre tâche d'alignement consiste à trouver comment canaliser tous ces sentiments vers la créativité. Faites-en quelque chose, faites quelque chose de vous-même, ainsi, vous ne serez pas à l'origine de la destruction, du simple fait que vous en avez la capacité.

Soyez prête à recevoir des enseignements, même si cela vous met mal à l'aise. Quand vous en saurez plus, vous pourrez faire mieux. Prenez l'entière responsabilité de l'énergie que vous apportez au monde. Kali sait que cet amour féroce, sombre, qu'elle vous donne ne vous mettra pas toujours à l'aise, et que le processus de transformation requiert une honnêteté rigoureuse envers vous-même. Vous avez ce qu'il faut ; faites maintenant quelque chose qui a du sens, et soyez fière de vous.

MESSAGE D'EMPOWERMENT

La compassion est actuellement nécessaire pour vous aider à vous libérer du perfectionnisme et de votre attitude défensive. L'objectif étant de contribuer à atténuer la souffrance dans le monde, gardez à l'esprit de ne pas juger trop durement autrui ou vous-même, en suivant cahin-caha le parcours du combattant dans l'existence. En réalité, vous accorder à l'énergie de la compassion et de la gentillesse neutralise presque instantanément l'énergie suscitée pour contrôler ses pensées et ses comportements irréfléchis, automatiques.

Guan Yin, déesse de la compassion de la mythologie chinoise, vous encourage gentiment à vous poser cette question : « Qu'apporterait la gentillesse à cette situation ? » En abordant toute chose en gardant cela à l'esprit, vous trouverez des solutions, et de nouvelles voies s'offriront à vous. En fait, vivre en vous laissant guider par la compassion change réellement tout – jusqu'aux produits que vous consommez et votre alimentation.

Faites aujourd'hui une priorité de la gentillesse. Le monde n'en sera qu'amélioré, et vous vous sentirez incroyable, en constatant que les miracles illuminent là où vous vous y attendiez le moins.

Message d'alignement

Vous sentez-vous accablée par toute la souffrance sur Terre, sans voir comment améliorer les choses ? Vous sentez-vous désespérée par la façon dont nous traitons la Nature et nos semblables ? La déesse Guan Yin sait que cette période est importante pour considérer et réorganiser, mais elle vous met en garde de ne pas tomber dans un puits de désespoir. Si vous vous laissez envahir l'esprit par le déferlement de mauvaises nouvelles médiatisées au niveau mondial, l'insensibilité et la paralysie vous guettent.

La bonne nouvelle se trouve dans votre tâche d'alignement ! Commencez par vous concentrer au niveau local. Votre option n'est pas de sauver le monde entier, mais d'agir là où vous pouvez aider. Même le plus petit pas vers une plus grande compassion équivaudra à celui d'un géant ! Renseignez-vous sur les questions culturelles, et soyez plus consciente et sensible dans vos choix. Tendez une main à quelqu'un dans le besoin, faites du bénévolat, et choisissez de faire chaque jour une bonne action. Faites ce que vous pouvez, et faites en sorte que cela compte.

Demandez-vous toujours : « Comment mes actions pourraient-elles servir favorablement les autres ? » N'oubliez pas que si votre action n'est pas au point, vous pouvez toujours rectifier le parcours. Tout le monde apprend en ce moment même, et Guan Yin vous rappelle d'être également bienveillante envers vous-même, en acceptant votre rôle pour donner vie à un monde nouveau.

MESSAGE D'EMPOWERMENT

Quand Lakshmi, déesse de l'hindouisme, se présente, elle laisse augurer une célébration de votre raison d'être, de votre sagesse et de votre prospérité compassionnée. Toutes vos expériences et compétences sont riches de sens et ont une raison d'être. En résultat, attendez-vous à voir des preuves de cette richesse autour de vous. Vous avez en ce moment la capacité d'œuvrer vers un grand succès dans votre vie, et ce que vous avez à offrir a une valeur glorifiée.

La déesse de la chance et de la prospérité vous dit qu'il est temps de partager avec autrui votre bonne fortune, et elle vous montrera comment cela se multipliera si vous pratiquez la gratitude, faites des éloges et vous engagez à servir votre prochain. Si vous visez le succès matériel, vous le cocréerez. S'il s'agit d'une vie relationnelle riche, vous l'attirerez et la développerez. Les miracles viennent à vous, comme attirés par un aimant. Rien n'est inaccessible quand la déesse Lakshmi vous interpelle.

MESSAGE D'ALIGNEMENT

Vous êtes-vous retrouvée en proie à l'idée que l'on pourrait vous dérober ce qui vous appartient ? Ou penseriez-vous que le succès ou le bonheur de quelqu'un signifie qu'il y en aura moins à votre disposition ? Il se pourrait que vous n'en ayez pas conscience, mais vous ressentez comme un manque – pas assez d'amour, ou d'argent. Vous vous inquiétez de vieillir, de rater quelque chose, ou d'avoir à lutter pour les ressources que vous percevez à tort comme étant limitées. Vous pourriez aussi vous sentir mesquine et radine, par peur de devoir partager en cas de pénurie.

La déesse Lakshmi vous signale qu'il vaudrait mieux changer de mentalité si vous voulez vivre une vie riche et vibrante ! Votre tâche d'alignement consiste à vous arrêter pour être attentive à la direction que prennent vos pensées, et de les recadrer pour vous concentrer sur votre intention véritable. Répétez ce mantra : « Je ne passerai pas à côté de ce qui est pour moi ! » Dès que vous sentirez ce diablotin vert qu'est l'envie s'immiscer dans votre cœur, bénissez l'autre personne et dites : « Ce que je désire est aussi pour moi ! » Ce qui vous limite vraiment, ce n'est que ce que vous vous êtes fixé. Ne laissez pas votre esprit conditionné et vos certitudes erronées diriger votre vie. Libérez-vous-en. Le monde sera sans limites si vous vous autorisez à vous ouvrir à votre riche imagination.

MESSAGE D'EMPOWERMENT

Par moments, la synchronicité rassemble tous les éléments en une illumination aussi soudaine que saisissante. Ce qui n'était pas clair devient limpide en un instant. Comme si vous étiez capable de percevoir simultanément chaque facette d'un diamant. Vous savez sans le moindre doute que vous êtes sur la bonne voie quand une compréhension profonde baigne votre âme même. En cet instant, changement et transformation se produisent, et un moment transcendant vous est offert, un cadeau extraordinaire.

C'est actuellement l'un de ces moments. Leizi, déesse de la mythologie chinoise, mère des éclairs, apporte dans votre vie des révélations soudaines. Elle vous en fait cadeau pour tout votre dur travail, afin de démanteler votre ancien Moi et faire de la place pour la personne que vous aspirez à devenir. La période se présente sous des auspices très favorables.

Message d'alignement

Parfois, la vie vous prend en traîtresse, vous donnant l'impression d'avoir été frappée par la foudre. Votre chéri·e vous trompe brusquement, la maladie touche l'un de vos proches, un travail que vous attendiez ne se matérialise pas, un nouvel employé s'avère incompétent, ou vous recevez une facture fiscale salée. Indépendamment de ce dont il s'agit, votre tâche consiste à changer de direction et à rectifier le parcours, en fonction de ce que requiert l'événement. Même si vous ne comprenez pas ce qui se passe, ne cherchez pas à le deviner. Tout n'est pas prévisible, et un détour pourrait être précisément ce qu'il vous faut.

Perdre quelqu'un ou quelque chose, ou les mauvaises nouvelles reçues, ne sont pas les seules options dans cette situation. Il se pourrait que vous veniez de recevoir ce que vous avez toujours voulu, comme une demande en mariage, un meilleur poste ou l'occasion d'évoluer. Vous pourriez avoir tendance à essayer de contrôler les circonstances, ou à vous inquiéter de ne pas être vraiment prête au changement. Leizi vous rappelle que la Grande Déesse ne vous confiera jamais plus que ce que vous ne saurez gérer. Votre tâche d'alignement est de vous consacrer à ce qui se présente à vous. Vous en êtes capable.

MESSAGE D'EMPOWERMENT

Lilith, déesse de la tradition juive, refusa d'être dominée par le premier homme, ce qui lui valut d'être appelée un démon dans les histoires à son sujet qui suivirent, inexactes et préjudiciables, si vieilles et répétées que personne ne perçoit combien leurs implications se sont généralisées. Sous une autre perspective, Lilith vous transmet cet enseignement : personne ne peut vous empêcher de vous épanouir pleinement, d'apprendre tout ce que vous pouvez, d'évoluer et de choisir la liberté, si ce n'est votre raisonnement conditionné. Soyez fière, responsable, revendiquez votre pouvoir et usez-en avec sagesse.

Actuellement, vous êtes dans une position idéale pour attirer des relations saines, interdépendantes, collaboratives, réellement bénéfiques au bien suprême. Les amitiés prospèrent grâce au respect et au soutien mutuels. Les relations amoureuses s'épanouissent en laissant amplement de la place pour qu'évoluent les deux partenaires. Les entreprises d'affaire prospèrent au service du bien de tout un chacun.

La déesse Lilith souhaite vous montrer la voie menant à la revendication de l'estime et du respect de soi sains, en refusant de vous laisser rabaisser par vos vieilles histoires. En faisant des choix à partir d'une position d'indépendance et d'empowerment, vous serez surprise de constater combien ce que vous vivez dans tous les domaines de votre vie devient profond, significatif et respectueux.

Message d'alignement

Avez-vous parfois peur d'être indépendante ? Il se pourrait que vous ayez été conditionnée pour croire que la seule façon d'avoir des relations proches, c'est en se retrouvant empêtré et emmêlé avec autrui. Avez-vous très envie d'indépendance et d'un moment de répit, tout en craignant des représailles si vous choisissez de vous éloigner de compagnons ou de situations toxiques ? Vous aurez besoin de courage pour la tâche d'alignement que Lilith vous confie : partez et favorisez une perception de vous-même plus responsabilisée et autonome en disant non à ces relations qui épuisent votre force vitale même.

Parfois, certains attirent le drame dans leur vie pour fuir toute responsabilité. En l'absence de quelqu'un d'autre à blâmer pour ce que l'on vit, cette dynamique permet d'éviter de prendre ses responsabilités. Le chaos causé par d'autres devient un écran de fumée qui rend confuse la vérité vraie : au plus profond de soi, on a peur des conséquences si on prend sa vie en main. Cependant, tout n'est pas perdu ! Vous ne liriez pas ceci si vous n'étiez pas prête, ou pas assez forte, pour procéder à ces changements. Vous faites évoluer votre vie au niveau supérieur. Lilith est à vos côtés, vous apportant force et courage pour faire ce qu'il faut, pour les autres et vous-même.

MESSAGE D'EMPOWERMENT

Un immense pouvoir réside dans le fait de dire la vérité, et de lui permettre de vous guider à un niveau supérieur. Ce n'est qu'en refusant de voir la réalité dans une situation donnée que l'on perd son pouvoir de cocréer pour le bien suprême.

Maât, déesse du panthéon égyptien, se présente pour vous rappeler que si vous êtes disposée à faire un bilan personnel courageux et à vivre dans l'authenticité, avec une honnêteté rigoureuse, tous les domaines de votre vie seront couronnés de succès. En étant complètement transparente envers autrui, et même si, au début, cela donne l'impression d'être trop vulnérable, c'est précisément ce qu'il faut faire maintenant. Vous serez ainsi emplie du pouvoir de revendiquer et de connaître une liberté et un bonheur insoupçonnés, qui imprègneront votre vie comme un miel sauvage, sucré.

Votre vie en est précisément là où il faut. La période est idéale pour faire des choix affirmés. Vous faites tout ce qu'il faut en acceptant l'invitation de Maât à vivre courageusement dans la vérité. En tant qu'arbitre de l'équilibre et de l'ordre divin, elle vous rappelle l'immense valeur de cette façon d'exister.

Message d'alignement

La loi du karma stipulant que tout s'équilibre tôt ou tard, soyez sûre que dans le tableau d'ensemble de votre vie, toute injustice sera réparée. La déesse Maât se présente avec la balance de la justice et la plume de la vérité, pour vous rappeler qu'un seul moment dans le temps vous est perceptible. L'équilibre des événements oscille d'un côté à l'autre, jusqu'au point de raccord à l'harmonie de l'Univers.

Indépendamment de ce rééquilibrage naturel, il est temps de vous exprimer si vous êtes témoin d'injustices. Maât dit qu'afin d'être vraiment libre, tout le monde doit l'être. Elle vous confie cette tâche d'alignement : réfléchissez dans quelle mesure vous avez pu blesser quelqu'un, ou dans quelle mesure votre projection inconsciente sur la façon dont « devrait » être le monde pourrait vous avoir piégée à offenser, même en toute innocence. Une période de résolution d'envergure s'annonce, et rien de significatif ne sera accompli sans quelques efforts.

Un autre message qui vous est maintenant adressé consiste à voir au-delà des propos d'autrui, surtout si vous avez le sentiment qu'on pourrait vous cacher la vérité, ou agir sans en avoir conscience. Il est important de ne pas le laisser passer. Dites la vérité avec autant d'amour que possible, même si le déni pourrait être balayé à un moment embarrassant, où tout le monde se sent à découvert. C'est un moyen essentiel pour progresser avec compassion. La déesse Maât vous rappelle qu'elle défend tous ceux disposés à rectifier leur parcours, et vous donne tout son soutien !

MESSAGE D'EMPOWERMENT

La déesse Marie des chrétiens, mère des miracles, est venue aujourd'hui réaliser une célébration en votre compagnie. Elle se présente pour vous rappeler l'abondance de toutes ces surprenantes merveilles actuellement dans votre vie. Regardez autour de vous, notamment toutes ces synchronicités qui ont déjà eu lieu. Même depuis votre naissance, les événements et les opportunités se sont réunis pour vous soutenir, vous guider, vous montrer de l'amour, et vous présenter le monde tel que vous le voyez. Soyez très attentive, et constatez que la main du Divin œuvre pour vous.

Vous êtes une puissante cocréatrice, de ce fait, responsable à tout point de vue des pensées, sentiments et croyances qui ensemencent votre champ de rêves. N'oubliez pas que les miracles sont des preuves mystérieuses que, du monde invisible, la vie prend subitement forme sans lien logique de cause à effet.

Marie donna naissance, comme la Grande Déesse, bien avant que son mythe chrétien se fasse réalité. Elle s'avéra elle aussi être la quintessence même de la création. En cet instant, Marie vous rappelle ces miracles que vous pouvez également invoquer. Nul besoin de cause, de faits fondés sur des preuves, ni de calculs, pour croire en ce miracle, et le voir se produire dans les situations de votre vie. Marie se présente pour vous rappeler que vous ne serez jamais à court de miracles.

MESSAGE D'ALIGNEMENT

Ne croiriez-vous plus aux miracles ? Croyez-vous qu'ils ne soient que pour les autres, ou doutez-vous de leur existence ? Serait-ce parce que vous lisez et regardez trop les actualités, ce qui vous déprime et vous donne un sentiment d'impuissance ? Ou cette traversée du désert dans votre vie s'éterniserait-elle au point que vous ne cherchez même plus comment vous en sortir ?

N'ayez crainte, car la déesse Marie, la mère des miracles, vous adresse ce message : il ne s'agit que de votre état d'esprit. C'est le moment d'inverser le cours des choses, en commençant par votre raisonnement. Et si vous vous souveniez que vos pensées, sentiments et croyances récurrents façonnaient le monde ? Et si vous vous réinvestissiez dans votre relation cocréative avec le Divin, et optiez, à partir de là, pour une autre façon de vivre votre vie ?

Le pouvoir de Marie, la mère des miracles, coule dans vos veines. Elle n'a pas eu besoin de la semence masculine pour donner naissance à un miracle. De même, vous n'avez pas besoin de votre environnement extérieur pour changer. Vous n'avez pas besoin que l'on vienne vous secourir, vous aimer ou vous entraîner. Vous êtes la personne que vous avez attendue. Vous n'avez qu'à choisir comment réagir actuellement à votre réalité, et à vous concentrer chaque jour au service du miracle qu'est la vie.

Ce qui vous est destiné suit son propre programme divin. Votre tâche d'alignement est de vous en souvenir.

MESSAGE D'EMPOWERMENT

Mama Killa, déesse de la Lune des Incas, règne sur le pouvoir des cycles et des saisons. La Lune règne sur le ciel nocturne, se faisant pleine treize fois par an. Les anciens évaluaient le temps grâce à cet astre, pour savoir quand planter, récolter, entreposer les denrées alimentaires et célébrer la fertilité.

Vous êtes invitée dès maintenant à voir ce qui est familier, pour établir si vous devez l'améliorer ou laisser les choses en l'état. La réponse à votre question sera potentiellement à trouver en temps et en heure, et en fonction du cycle où vous êtes. La notion de cycles naturels est applicable aux relations, aux projets créatifs, au développement personnel, et à bien plus encore. Si vous êtes honnête avec vous-même, vous constaterez qu'il est impossible de contrôler ces cycles, si ce n'est en utilisant pour vous aider l'énergie créative qu'ils apportent.

Si votre relation n'est pas claire tout en débordant de potentiel, vous êtes invitée à vous tourner vers l'énergie de la nouvelle lune qui se présente dans le cycle du printemps de la vie. Dans ce cas, il n'y a plus qu'à laisser la relation se développer naturellement, et à être claire dans vos intentions. Si votre environnement semble tourner au ralenti, avec des obstacles qui surgissent et bloquent temporairement chacun de vos mouvements, n'opposez aucune résistance. Profitez-en pour vous reposer, ce qui est nécessaire, et pour recalibrer vos intentions en attendant le prochain cycle.

Quoi qu'il en soit, comme les cycles de la Lune, il existe un ordre divin dans tout ce qui se passe dans votre vie dès maintenant. Quand vous en aurez pris conscience, la déesse Mama Killa vous entraînera dans sa danse de la Lune dédiée à la cocréation divine.

Message d'alignement

Vous ne vous sentez parfois plus en phase avec la vie, frustrée que l'Univers ne réponde pas à vos désirs. Voulez-vous vraiment ce que vous désirez, comment et quand, précisément, en ayant l'impression que la Grande Déesse vous ignore ? Il se pourrait que vous vouliez le voir se concrétiser trop vite. N'oubliez pas que les situations dans votre vie sont temporaires et toujours changeantes. Vous pourriez aussi ne pas savoir dans quel cycle vous vous trouvez et, de ce fait, avoir raté les signaux. Mama Killa, la déesse de la Lune, connaît très bien les cycles, et vous laissera savoir quand il est temps pour la prochaine phase.

Mama Killa est toujours sur la voie des cycles de la création, et mieux vaut vous fier à cette sagesse. La tâche d'alignement qu'elle vous réserve consiste à reconnaître le cycle naturel que vous traversez, et à œuvrer en fonction. Vous serez surprise lorsque, alignée au rythme de l'Univers, cela vous permettra une fois encore de cocréer consciemment, et de vous abandonner à la vie selon les termes de l'existence même. Quelle danse magnifique quand Mama Killa vous offre son soutien !

MESSAGE D'EMPOWERMENT

Le monde où nous vivons est issu des eaux océaniques de la vie et des eaux qui nous enveloppaient dans le ventre maternel – le domaine de la déesse des Incas, Mama Qucha. Nous sommes plus sensibles aux qualités de l'eau, car cet élément symbolise nos émotions, qui nous incitent à créer et percevoir le monde tel que nous le connaissons.

On perçoit la beauté de cette vérité en observant l'eau dans toutes ses propriétés et sous toutes ses formes. Fluide, elle s'infiltre sans heurt par les fissures et les failles du sol, contournant les obstacles et érodant patiemment les surfaces rocheuses les plus accidentées, jusqu'à les aplanir et les faire briller. Au rythme du flux et du reflux, l'eau émerge du sol et fait naître les nuages, avant de retomber sur la terre en pluie, pour alimenter la croissance et favoriser la vie. L'eau se transforme en glace durcie et recouvre le monde d'une coque protectrice, parfois d'un manteau de neige moelleuse, contribuant ainsi à ce que le repos de la vie annonce une période de rêve. Puis, à la fonte des glaces, le cycle recommence.

Votre question trouvera réponse en déterminant quelle forme d'eau révèle les situations dans votre vie, puis en reconnaissant la prochaine évolution de votre potentiel de vie. Si vous êtes au creux de la vague, attendez-vous à remonter le courant ; si les choses sont momentanément figées, elles ne tarderont pas à se remettre en mouvement. Si vous avez l'impression de perdre pied et qu'il est temporairement nécessaire de vous protéger, attendez-vous à une évolution et à de beaux jours à venir. Mama Qucha vous rappelle que les eaux de votre vie sont parfaites comme elles sont actuellement, et tout aussi parfaites dans la façon dont elles évolueront. Quand cette déesse se présente, un potentiel illimité est révélé.

Message d'alignement

La submersion et la surcharge d'empathie ont déclenché un raz de marée émotionnel qui semble menacer de vous engloutir. Les sentiments sont actuellement ingérables, et vous pourriez découvrir qu'il est difficile de les contrôler en projetant sur l'écran de votre vie les peurs indéfinissables qu'ils suscitent. La déesse Mama Qucha dit que votre tâche à présent est de vous en distancer, prendre du recul et laisser ces sentiments circuler en vous comme l'eau, sans jugement ni désapprobation. Faites en sorte que vos peurs soient emportées par l'amour-propre et la compréhension. Le monde est parfois chaotique, et l'incertitude peut engendrer de l'instabilité, où les gens agissent de manière incompréhensible. Passez à un niveau supérieur, refusez de vous impliquer et attendez. Il sera temps de réagir quand vous vous sentirez prête, plutôt que dans le feu de l'action. Laissez-vous porter et envelopper par les eaux de la vie de la déesse Mama Qucha, comme par ce liquide dans le ventre de votre mère. Que ces eaux soient d'amour.

MESSAGE D'EMPOWERMENT

En regardant le monde, tout ce que vous voyez semble réel. Il est donc facile d'imaginer que votre situation actuelle n'est influencée que par des actions évidentes et des mouvements calculés. C'est une illusion, car toutes choses sont intrinsèquement liées, ce qui ne nous est cependant pas visible, en raison des limitations imposées sur notre perception par nos cinq sens.

Déesse multiculturelle de l'illusion, Maya – qui figure dans les traditions spirituelles et les mythes hindous, bouddhistes, gréco-romains et scandinaves

– vous invite à avoir confiance dans le fait que le monde invisible réponde à vos désirs et intentions les plus profonds, pour améliorer votre vie personnelle et celle d'autrui. Vous êtes en mesure de voir au travers du voile des illusions ; votre lucidité et votre intuition sont intensifiées, car vous avez davantage confiance en vous. Quand la déesse Maya choisit de vous aider, soyez sûre que tout ce qui vous sera nécessaire émergera de votre monde avec facilité.

MESSAGE D'ALIGNEMENT

La déesse Maya s'est présentée pour vous apporter à présent un peu de clarté. Avez-vous été dernièrement dans le déni au sujet de votre vie, et comment cela s'est-il manifesté ? Auriez-vous cherché sans succès à obtenir un certain résultat ? Voulez-vous tellement croire en quelque chose ou quelqu'un – peut-être attirée par un potentiel que vous espérez voir fructifier – au point de vous être égarée et de lui avoir donné tout votre pouvoir ?

Votre tâche d'alignement consiste à rassembler votre courage et à voir les choses telles qu'elles sont en réalité, plutôt que comme vous voudriez qu'elles soient. Soyez honnête avec vous-même. La déesse Maya comprend la séduction de l'illusion de la séparation – après tout, elle a créé l'illusion du Moi individuel. L'illusion dissipée, vous êtes libre de choisir une autre voie, une autre méthode, et d'autres personnes avec qui nouer des liens plus profonds. Le moment est idéal pour faire le bilan de votre vie – comment vous aimez, ce que vous croyez, qui vous suivez, pourquoi vous avez choisi votre mode de vie. Quand la déesse Maya se présente pour briser les illusions et les leurres, c'est de très bon augure.

MESSAGE D'EMPOWERMENT

L'expérience tissée à la connaissance compose une merveille – la sagesse. Ses éléments sont entrelacés, telle une corde subtilement tressée, si solide qu'elle ne peut être rompue. La sagesse, une fois acquise, devient une part essentielle de votre être.

Métis, déesse de la sagesse du panthéon grec, dit que vous savez précisément quoi faire dans les circonstances actuelles. La question étant : avez-vous le courage et l'engagement nécessaires pour prendre une sage décision ? Ne pas vous cacher est la réponse. Vous êtes invitée à chercher en vous, plutôt qu'à l'extérieur, à vous inspirer de la sagesse que vous possédez déjà, et à l'appliquer à votre question. Cependant, il vous faudra peut-être faire preuve d'humilité pour solliciter l'opinion d'une personne plus sage.

En cette période d'une importance capitale, les autres solliciteront peut-être votre sagesse. Le moment est aussi propice pour de nouvelles relations fondées sur une vérité profonde partagée avec autrui. Vous abordez une étape essentielle de votre vie, pour partager tout ce que vous êtes et tout ce que vous avez appris. L'extraordinaire est possible quand la déesse Métis vous rappelle votre sagesse et la nécessité d'en faire part.

Message d'alignement

La déesse Métis a appris, il y a longtemps, une douloureuse leçon, et ne veut pas que vous subissiez la même épreuve. Par amour, elle choisit de se rendre insignifiante, d'atténuer sa force vitale et sa lumière intérieure, et de se laisser déposséder en partie de son pouvoir. Qui ou qu'est-ce qui vous contraint dans votre vie à faire de même ? Vous affaiblissez-vous vous-même par peur des représailles, ou en ayant le sentiment d'être indigne, et notamment d'amour, ou peut-être d'être excessive ou trop intelligente ?

La déesse Métis vous propose une importante tâche d'alignement : il vous faut faire face à cette peur, cette anxiété, et y répondre par un non franc et massif. Même confrontée au tableau d'ensemble que compose le conditionnement culturel, le courage s'impose, cherchez à cerner comment contribuer personnellement à la solution. Y contribuer trop modestement n'est qu'un prétexte pour éviter d'assumer la responsabilité de votre pouvoir personnel, et d'avoir une influence bénéfique dans le monde. Vous débordez de l'énergie de votre force vitale, alors sortez de l'ombre et autorisez-vous à briller ! Prenez le risque de communiquer au monde votre sagesse – nous avons besoin de vous.

MESSAGE D'EMPOWERMENT

Certains moments dans votre histoire personnelle recèlent actuellement pour vous un immense trésor. En revenant sur vos souvenirs, qui constituent le domaine de Mnémosyne, déesse de la mythologie grecque, une sagesse assumée, en pleine possession de vos moyens, est révélée. Les enseignements que vous trouvez s'apparentent à des talismans sacrés, intégrés à votre passé comme des organismes fossilisés dans l'ambre. Vous pouvez dès maintenant vous fier à vos instincts quant à ce qui vous rappelle votre passé, et a en effet un fond de l'ancien dans le nouveau. C'est l'occasion surprenante de faire des choix informés, et les choses différemment.

Cette déesse vous transmet un autre message d'importance. Dans de nombreux choix spécifiques de l'existence, vous avez le pouvoir de procéder à de magnifiques changements, de devenir plus créative, responsabilisée, en pleine possession de votre pouvoir, et vivante. En effet, il arrive parfois que des souvenirs enfouis dans les cellules de votre corps éveillent une peur palpable. Mais vous pouvez évoluer par rapport à votre passé, pour découvrir de nouveaux territoires, et une nouvelle vision de la liberté viendra à vous. Vous ne verrez plus le passé de la même façon, l'acceptation paralysante cédant la place à la sagesse. Vos souvenirs changeront, parce que vous aurez changé.

Cette liberté est à vous grâce à la volonté et à la curiosité. Les relations se font riches de potentiels, et tous vos choix naturels ne retomberont plus dans des schémas révolus qui ne vous servent en rien. La déesse Mnémosyne veut que vous fassiez l'expérience de ce miracle.

MESSAGE D'ALIGNEMENT

Nos histoires peuvent nous retenir en otages dans le passé. Déesse de la mémoire, Mnémosyne vous rappelle que fuir les souvenirs pénibles, et prétendre que des torts ont été commis, ne vous aide en rien pour trouver réellement un sens à votre vie. Votre tâche d'alignement consiste à vous arrêter pour faire le bilan du passé en fonction duquel vous vous définissez, et de ces histoires qui vous y enchaînent. Elle vous demande d'être honnête au sujet de votre vie où vous avez été blessée, ou avez blessé autrui. Cherchez en profondeur pour mettre à la lumière vos préjugés et facteurs déclencheurs inconscients. Quand vous serez prête à procéder vraiment à des changements, à vous confronter sans résistance à la réalité, sachez que ce sera peut-être une expérience difficile à vivre.

Le monde change, et pour contribuer à son splendide développement, vous êtes invitée à effectuer ce travail en profondeur. Des miracles vous attendent, lorsque vous vous serez libérée, en vous laissant guider vers la vérité. Laisser derrière vous une partie de votre ancien Moi n'est pas facile, mais nécessaire pour devenir celle que vous avez attendue. Rassemblez votre courage. La déesse Mnémosyne vous aidera. Vous vous élèverez de cette épreuve, dont seules force et beauté demeureront.

MESSAGE D'EMPOWERMENT

Considérez votre vie comme un cadeau magique, et ce que vous y avez vécu comme une magnifique opportunité de rendre le monde meilleur. Vous faites ce cadeau à votre tour quand la mort se présente en mettant un terme à votre séjour à ce niveau. Les expériences, les relations, les projets et même les rêves longtemps chéris sont tous sujets aux lois naturelles de la mort et de la magie de Morrigan, déesse de la mythologie celtique.

Il est maintenant temps de laisser disparaître certains épisodes de votre vie, et de reconnaître que ce processus est autant à célébrer qu'à enterrer. Lâchez prise avec amour et gratitude. Libérez-vous de vos peurs. Car dans la mort réside une immense magie, rien ne pouvant être vraiment détruit. Des cendres de ce qui n'est plus émergent une nouvelle vie, et de nouveaux rêves. Faites face avec amour et courage à ce qui se termine, ou qui n'est plus. Attendez-vous à éprouver un vide. La déesse Morrigan ne tardera pas à vous imprégner de sa magie, et un nouveau monde naîtra pour vous accueillir. C'est le cadeau qu'elle vous réserve si vous vous abandonnez sans résistance, en acceptant les choses comme elles se présentent.

Message d'alignement

La magie est partout et dans chaque aspect de la vie, y compris la mort, la fin de vie, le déclin, comme dans ce qui est sombre et profondément dissimulé dans notre nature même. Cependant, dans notre civilisation moderne, nous passons tant de temps dans le déni, à concevoir des moyens d'éviter la mort, par refus de laisser la nature faire son œuvre en accord avec elle-même. En conséquence, nous avons perdu tant de sagesse.

Vous êtes invitée à aborder les domaines dans votre vie devenus inutiles et qui doivent disparaître, sans la moindre promesse de ce qui les remplacera. Devez-vous vous éloigner de quelqu'un, d'une façon de vous comporter ou de penser ? Comme la chenille qui n'a aucune notion de devenir papillon, il vous faut vous soumettre au processus de métamorphose. Il faut faire de la place pour ce miracle, tout en n'exigeant aucune garantie.

Morrigan, déesse de la mort dotée de magie, vous propose la tâche d'alignement de vous questionner. À quelle « mort » résistez-vous actuellement ? De quelle zone d'ombre vous faut-il prendre conscience ? Comment la peur a-t-elle influencé vos choix ? Qui pourriez-vous être si vous aviez le courage de considérer la vie en fonction de ses propres termes ? Votre magie est tellement plus puissante que vous le pensez. Vous pouvez le faire – vos rêves en dépendent. Morrigan vous accompagnera à chaque étape du parcours.

Message d'empowerment

Niké, déesse de la mythologie grecque, vous demande d'être présente à la beauté et à la richesse que, jusqu'à présent, vous avez découvertes dans votre vie. Vous êtes parvenue jusqu'ici, alors quels sont vos acquis ? Les célébrer est dès maintenant essentiel pour vous permettre de cocréer de plus belle.

Vous vivez dans un monde où vous avez peut-être l'impression de ne pas être autorisée à célébrer vos victoires, de crainte d'être réduite à une égocentrique. Il se pourrait que vous veniez d'une famille qui vous a découragée de briller avec authenticité. Réussir au jeu de la vie requiert de refuser le message que vous en faites trop, ou pas assez. Votre acquis le plus important est d'être vous-même, vous accepter telle que vous êtes, en vous débarrassant de l'idée que vous êtes imparfaite à tout point de vue, pour vous exprimer avec authenticité. Il s'agit du véritable pouvoir que Niké, la déesse de la victoire, exprime à travers vous !

Elle a un autre message à vous transmettre. Si vous avez des difficultés pour passer au prochain niveau de votre vie, avez travaillé dur en y investissant du temps et des efforts, vous ne tarderez pas à découvrir que vous êtes finalement gagnante ! Votre détermination et votre engagement pour concrétiser vos intentions se manifestent dans votre vie par des résultats exceptionnels. Quand vous gagnez, le monde aussi. N'oubliez simplement pas de partager tout ce que vous aurez gagné !

Message d'alignement

Êtes-vous si déterminée à gagner dès à présent, au point de foncer comme un cheval de course avec des œillères ? Prenez garde à l'ambition débridée et à l'obsession criante de remporter la victoire ; vous ne pourriez être que sous l'influence de vos désirs, en oubliant de vous demander si ce que vous voulez est pour le bien suprême. Ce travail que vous souhaitez tellement ne vous sera peut-être pas adapté, ou ce partenaire indisponible que vous êtes si déterminée à accompagner ne vous aimera peut-être jamais en retour. Niké vous propose maintenant la tâche d'alignement de revenir sur terre en ce qui vous concerne personnellement.

Vous comparer aux autres pourrait éveiller en vous l'envie ou la jalousie. Il est temps de sortir de cette compétition pour reconnaître que vous êtes où vous devez être. Votre vie est un marathon, et non un sprint vers votre prochain objectif. Vous ne rivalisez qu'avec vous-même, de ce fait, choisissez dès maintenant ce que vous voulez éprouver comme sentiments envers votre vie, et qui vous voulez devenir, puis progressez pas à pas pour concrétiser vos plus nobles intentions.

Soutenez ceux qui réussissent. Tirez-en des enseignements, et aidez ceux qui connaissent des difficultés – ils vous apprendront aussi beaucoup. Votre place dans le monde étant garantie, quelle que soit la durée nécessaire pour parvenir à vivre pleinement votre vie, ce sera parfait.

Message d'empowerment

Parfois, il faut renoncer à votre besoin de savoir. Certaines choses ne se révèlent qu'à point nommé, et non sur demande. Le mystérieux et l'inexplicable sont le domaine de Nyx, déesse du panthéon grec. Elle vous montre les voiles qui pourraient ne pas s'ouvrir à vos yeux en ce moment. Vous êtes censée rester sur votre voie actuellement, mais soyez sûre que les secrets seront révélés quand la déesse Nyx en décidera.

Toujours en accord avec vos intentions, continuez à avancer, en restant curieuse et ouverte à ce que vous pourriez découvrir. Libérez-vous dès maintenant de votre besoin de connaître les détails, pour être simplement présente à tout ce que la vie vous offre. Ne jugez rien comme étant bon ou mauvais, pour n'être que réceptive à ce qui émerge. Le trésor que vous cherchez ne va pas tarder à être révélé, et il sera bien mieux et plus précieux que vous auriez pu l'imaginer.

La déesse Nyx sait ce qui vous convient parfaitement. Ayez confiance, tout sera révélé en temps divin.

MESSAGE D'ALIGNEMENT

Déesse de la nuit, du mystère et des secrets, Nyx vous invite à vous poser une question essentielle à propos du déni. Quel secret vous êtes-vous caché ? Serait-ce une relation qui ne vous convient pas, mais où vous restez par peur de ce qui se passera si vous partez ou procédez différemment ? Craindriez-vous de demander ce dont vous avez besoin ? Seriez-vous dans une spirale addictive, en pensant que vous vous sentirez mieux après une autre bouchée, ou un autre verre de vin ?

Quoi que vous vous refusiez à confronter, la déesse Nyx vous promet que si vous y faites face, vous serez étonnée par la beauté de votre libération et de votre pouvoir. Elle vous propose la tâche d'alignement de vous investir avec une honnêteté rigoureuse dans une autoévaluation, associée à un amour-propre déterminé, et à un engagement envers l'évolution. Soyez optimiste car, dès que vous aurez décidé de nommer votre malaise, vous revendiquerez votre paix intérieure, votre force et votre espoir. Vous en êtes capable !

MESSAGE D'EMPOWERMENT

Une loi universelle est basée sur la générosité et le flux illimités. Oshun, bienveillante déesse des rivières du peuple d'Afrique des Yoruba, incarnation de ce qui nourrit, de la guérison, de la fertilité et de la prospérité, vous rappelle que la vie même vous donne sans compter, comme l'air à respirer, l'eau à boire, de quoi manger, et un abri où dormir. C'est par conséquent votre mission de donner librement de vous-même, indépendamment de l'action, grande ou petite, sans rien attendre en retour.

La déesse Oshun vous invite vivement à encourager dès maintenant la gratitude à imprégner tout ce que vous faites, même ces opportunités et gestes les plus minimes. L'expérience même de donner et d'être généreuse de tout votre cœur avec votre temps, argent, assistance, gentillesse et attention, sera d'autant plus précieuse que vous n'auriez pu l'imaginer. Et en vous libérant de tout attachement à ce qui en résultera, vous serez surprise de constater comment la bonne fortune que vous avez accordée aux autres vous reviendra décuplée. Oshun vous rappelle que cette vérité remonte à l'aube des temps, et existera jusqu'à la fin du monde.

Message d'alignement

Il arrive parfois que l'on se retrouve en proie à des peurs en se demandant si on obtiendra ce dont on a besoin, ce qui entraîne de l'inquiétude au sujet de l'argent ou de l'amour, et on commence à les réprimer. Vous pourriez découvrir que vous êtes trop restrictive, et que vous commencez à faire des réserves pour ces jours de vache maigre proverbiaux. Savez-vous qu'en vous laissant influencer par ce sentiment de manque, vous interrompez le flux de potentiels de la généreuse Oshun ? En vérité, en commençant à être avare de votre temps, de votre affection et de vos cadeaux, vous ne verrez pas grand-chose en retour, étant donné que tout ce que vous remarquerez, c'est ce qui n'est pas là.

En ce moment, la déesse Oshun souhaite vous confier cette tâche d'alignement. Ne vous attendez pas à ce que la Grande Déesse se montre généreuse envers vous si vous lui montrez que vous ne faites pas confiance au flux de sa générosité. Il est temps de faire le contraire de ce que vous craignez. Si vous avez l'impression que l'argent manque, dépensez pour signaler que vous avez confiance dans l'abondance. Si vous vous sentez mal-aimée, demandez qui aimer, et où vous pourriez montrer votre affection. Rien qu'un geste gentil envers un inconnu transmet que vous avez confiance dans la générosité du monde.

N'attendez pas pour obtenir ce que vous désirez. Donnez-le aux autres, et vous serez agréablement surprise de la tournure des événements. La déesse Oshun n'a que vos meilleurs intérêts à cœur.

MESSAGE D'EMPOWERMENT

L'engagement véritable vient de vivre sans réserve par le corps, le mental et l'esprit. Quand Parvati, déesse de l'hindouisme, s'élève pour vous accueillir, elle reconnaît votre dévouement sincère envers l'évolution personnelle. Dans ce monde en pleine tourmente, il n'est pas facile de vous consacrer à acquérir des connaissances supérieures et une foi indéfectible. Mais si vous devez servir les autres en étant porteuse d'amour, de compassion et de lumière, il vous faudra vous engager à nouveau chaque jour, aussi déterminée dans votre dévouement que Parvati envers Shiva et son objectif d'apporter la paix dans le monde.

Parvati vous demande de trouver le silence dans la méditation quotidienne afin de réfléchir à votre dévouement, ainsi qu'à votre engagement envers tout ce qui fait la vie, et pour contribuer à rendre le monde meilleur. La Grande Déesse est présente quand vous vous dévouez à nouveau, et donnez la priorité à cette relation avant tout. Puis, dans tous les domaines de votre vie, chacun de vos choix sera en alignement avec cette vérité, et à son service. La visite de la déesse Parvati signale magnifiquement que vous êtes sur la bonne voie.

MESSAGE D'ALIGNEMENT

La déesse Parvati se présente maintenant pour vous offrir son aide, car avoir une confiance aveugle en autrui ne vous sert pas, et le dévouement envers ceux ou ce qui ne le méritent pas pourrait se refléter dans votre vie. Demandez-vous pourquoi vous vous investissez autant auprès de quelqu'un ou pour quelque chose, alors que vous savez au plus profond de vous-même que cela est en pure perte. Auriez-vous peur de voir les choses telles qu'elles sont ? Et si vous laissiez tomber en vous laissant guider par une puissance supérieure vers les bonnes personnes, les bons endroits et ce qui contribuera à votre bien suprême ? Vous souvenez-vous si le dévouement envers ce partenariat spirituel ultime était réciproque ? Réfléchissez à ce qui s'est passé quand vous n'avez fait attention qu'à l'argent, au statut social, à l'ambition ou au pouvoir : le monde s'est rétréci, et vous avez perdu le contact avec une existence supérieure et votre bien suprême.

La déesse Parvati vous propose cette tâche d'alignement : remettez de l'ordre dans votre vie spirituelle. Intégrez la prière et la méditation à votre emploi du temps quotidien. Agissez comme si vous croyiez que vous ne passerez pas à côté de ce qui est pour vous, et ce qui doit se poursuivre le fera sans que vous ayez à intervenir. Vous serez surprise de constater comment tout se met en place. La déesse Parvati vous rappelle à quel point vous êtes aimée et chérie.

MESSAGE D'EMPOWERMENT

Parfois, ne pas savoir est un cadeau précieux. Dès maintenant, la déesse Perséphone du panthéon grec vous invite à vous ouvrir pour acquérir franchement des connaissances. Le discernement découle de l'expérience et, en ce moment, il est tout à fait acceptable d'admettre que vous ne savez pas, ou ne comprenez pas tout à fait ce qui se trouve devant vous. Soyez curieuse et prête à recevoir des enseignements. La déesse Perséphone vous accompagnera pour éviter que vous ne vous retrouviez inconsciemment piégée dans certains engagements, ou des alliances dangereuses, sa propre naïveté l'ayant entraînée à conclure un terrible pacte avec le dieu des Enfers.

Ceci étant dit, chaque expérience a de la valeur. Indépendamment de la décision que vous allez prendre, les conséquences auront un effet durable lorsque vous assimilerez vos enseignements en suivant la voie du destin.

MESSAGE D'ALIGNEMENT

La déesse Perséphone fut contrainte de payer le prix fort en compensation pour ce qu'elle croyait avoir été des actions innocentes. Dorénavant plus sage, elle vous encourage à arrêter ce que vous faites, pour prêter attention aux signaux. Ne croquez pas le fruit défendu, à moins de vous attendre à en payer le prix.

La tâche d'alignement que vous propose Perséphone est simple. Si vous êtes dans le moindre doute au sujet d'une proposition, prenez du recul et demandez-vous : « Ai-je assez de connaissances et de force pour explorer ceci, sans m'attacher à ce qui en résultera ? » Si la réponse est oui, lancez-vous ! Si la réponse est non, considérez sagement d'attendre. Car ceci, ou quelque chose de mieux encore, se manifeste maintenant pour vous en temps divin. Ne succombez pas à la tentation. Cela en vaudra la peine.

MESSAGE D'EMPOWERMENT

Avez-vous remarqué comment, quand vous êtes en alignement avec l'Univers, tout dans votre vie semble se présenter avec fluidité ? Rhéa, la déesse de la mythologie grecque, qui doit son nom à l'écoulement et au fait qu'elle est à l'origine de l'aisance divine, se présente pour vous informer que vous êtes prête à entrer dans une telle période. Alors que l'état de fluidité n'est pas permanent pour la plupart d'entre nous, ce magnifique sentiment permet de se laisser porter en rythme. On a l'impression de descendre un courant magique, où les idées et les aperçus nous traversent à flot, à partir d'une immense source d'informations qui nous sont offertes.

Afin de rester immergée aussi longtemps que possible dans cette fabuleuse énergie, examinez votre vie avec attention, en étant détendue et réceptive aux conseils aptes à vous guider qui vous sont offerts, tout en avançant sans restriction, ni idées fixes. Vous pouvez entrer dans un état de fluidité à volonté pour vous libérer de vos attentes. Cela demande de la confiance, et la déesse Rhéa veille pour éviter que votre bateau ne chavire en naviguant d'un ruisseau lent à une rivière rapide.

MESSAGE D'ALIGNEMENT

Vous avez parfois le sentiment d'être en pleine stagnation, où rien ne semble bouger. La fluidité entre vous et l'Univers est bloquée. Cela peut se produire si vous craignez que vos désirs ne soient pas satisfaits, ou encore quand les événements vont à un train d'enfer, et apparemment, dans une autre direction que celle que vous aviez anticipée.

La déesse Rhéa vous rappelle qu'en faisant confiance à l'état de fluidité, vous trouverez l'occasion de prendre tout en douceur un virage restant à découvrir. Elle vous propose la tâche d'alignement de lâcher la branche pour vous laisser porter par la rivière de votre vie, dans des sections où vous n'avez pas navigué. Vous ferez des expériences peu familières et inattendues, mais lors de toutes leurs manifestations tangibles, elle veillera à ce que ce qui en résulte ne soit que découverte de la magie et des miracles. Lâchez prise et laissez la fluidité s'occuper du reste ! Vous serez surprise de constater combien la vie ne demande plus aucun effort.

MESSAGE D'EMPOWERMENT

La maîtrise est un sentiment sincère de connaissance sans effort après une période d'immersion dévouée. Sarasvati, déesse de l'hindouisme, vous invite dans son domaine de l'art, de la langue, des connaissances, de la musique et de la poésie, et fait en sorte que cet engagement tienne la distance. Immergez-vous avec le corps, le mental et l'esprit, pour découvrir tous les aspects à portée de main. Apprenez, encore et encore. Dès maintenant, si vous adoptez le rôle d'apprentie et êtes disposée à dévouer votre cœur et votre mental à un certain domaine, vous deviendrez une véritable experte. La sagesse profonde ne connaît que l'apprentissage continu. Indépendamment de la question que vous étudiez, la déesse Sarasvati vous rappelle que la poursuite de la maîtrise est incessante, profitez donc de chaque minute ce faisant.

Message d'alignement

Êtes-vous quelqu'un qui entreprend des projets avec grand enthousiasme, avant de se rendre compte de l'ampleur de la situation et de passer à autre chose ? Ou avez-vous affaire à quelqu'un de ce genre ? L'ambivalence est ce à quoi il vous faut faire attention en ce moment, tandis que vous reconnaissez que vous avez besoin de davantage de connaissances et d'énergie pour progresser avec compétences.

La déesse Sarasvati vous rappelle qu'il n'y a pas de raccourcis lors de ce voyage, et qu'un savoir partiel ne fera certainement pas de vous une spécialiste. En fait, votre tâche d'alignement consiste à cesser de travailler en vous éparpillant. Le temps est venu d'étudier en profondeur l'objet de votre questionnement pour vraiment maîtriser le terrain. Investissez généreusement votre temps et votre énergie, et vous ressentirez cette ruée de pouvoir en endossant un rôle plus magistral dans chaque domaine de votre vie. Gardez le cap – continuez à apprendre et à mettre en pratique votre savoir-faire, l'engagement de votre cœur, la méditation et votre expression personnelle. En restant présente à tout cela, vous ne pourrez que vous en féliciter.

MESSAGE D'EMPOWERMENT

Un merveilleux changement se prépare dans votre vie quand Shakti, déesse de l'hindouisme, se présente pour vous aider. Tous vos désirs, toutes vos envies, et votre concentration pour améliorer votre vie, associés à votre volonté de faire le travail, ont déclenché l'énergie de la force vitale de la Grande Déesse. Elle répond à présent pour vous donner ce que désire votre cœur. Sachez que le moment est idéal pour évoluer en une version supérieure de vous-même.

Êtes-vous prête pour ce changement que vous désirez tant ? Tout dépend de votre degré d'honnêteté et de lucidité jusqu'ici, et de combien vous êtes dorénavant disposée à explorer d'autres façons d'être authentique dans le monde. Vous possédez l'énergie magique, féminine et divine de la déesse Shakti, l'incarnation de la puissance créatrice, pour vous aider lorsque vous vous serez ouverte à l'idée de procéder différemment. Vous abordez votre destin – œuvrez avec sagesse et sans duplicité, et vous serez surprise de la manière dont votre monde s'éveille, avec une beauté à couper le souffle.

Message d'alignement

Parfois, les gens et les situations se manifestent tels des agents du changement qui bouleversent votre vie. Ce que vous pensiez être réel et attendu est mis au défi par le point de vue ou le comportement d'autrui, sur lequel vous n'avez aucun contrôle. Cela peut être douloureux et profondément déroutant, mais la déesse créatrice Shakti souhaite vous offrir ses conseils. Pouvez-vous voir que tout ce qui est déséquilibré vous sert actuellement, en contribuant à rouvrir d'anciennes blessures pour qu'elles finissent par guérir ? Vous savez que vous recherchez ce changement, cette métamorphose magique pour une meilleure vie, pour vous-même et vos proches.

Dès à présent, votre tâche d'alignement est d'aimer cette partie de vous-même qui sabote vos efforts pour progresser. Aimez votre facette peu assurée, celle qui est jalouse, celle qui ne voit que « pas assez », alors que le monde déborde réellement de potentiels. La vie vous aime. L'aspect féminin de l'Univers, la Grande Déesse en personne, tous vos anges, vos guides et ceux qui vous offrent leur soutien, vous rappellent que vous êtes ici en tant qu'être spirituel, apprenant à cocréer le monde en le renouvelant.

MESSAGE D'EMPOWERMENT

Lorsque vous aurez établi vos intentions pour la vie de vos désirs, Skuld, déesse de la mythologie nordique, se présente pour vous donner quelques aperçus sur votre avenir. Lors de votre voyage, vous ferez l'expérience de ces points de repère magiques par des illuminations soudaines ou des moments d'inspiration, tel un écho de ce qui existe potentiellement dans une autre dimension. Il est amusant que les choses se présentent précisément comme vous l'aviez prévu, mais n'oubliez pas que la quintessence de votre intention a davantage de sens que sa manifestation tangible.

La déesse Skuld, qui régit le destin des dieux et des hommes, dit que rester intègre face à la situation du moment est votre plus grand pouvoir. Laisser le Moi évoluer en allant découvrir quelque chose de nouveau ouvre la voie où se déroule le destin. Le pouvoir du présent, et la façon dont vous réagissez au potentiel de la vie, constituent la graine puissamment fertile de l'avenir. Afin de revendiquer l'avenir, il faut vous occuper du moment présent. Néanmoins, rien n'est garanti, et tout est infusé de magie.

MESSAGE D'ALIGNEMENT

En étant trop obsédée par l'avenir, vous vous privez de la capacité à vraiment cocréer une vie pleine de sens et enrichissante, car votre pouvoir se retrouve comme dérobé, vers une certaine destination sans la moindre substance. C'est comme si vous erriez dans un endroit fantomatique que la déesse Skuld vous avertit d'éviter. On vous a peut-être appris que le meilleur reste à venir, comme en parvenant aux merveilles du Paradis après bien des épreuves sur Terre.

En vérité, vous pouvez retrouver votre alignement, en considérant ceci : votre vie actuelle et comment vous y répondez sont les graines qui pousseront dans votre avenir. Votre tâche d'alignement consiste à désherber en totalité, avant que vos intentions s'en retrouvent étouffées. Bénissez votre vie aujourd'hui, tirez des enseignements des situations autour de vous, et faites montre de compassion envers autrui et vous-même. Nous apprenons tous à trouver la force dans notre Moi le plus vulnérable, tandis que le monde change rapidement autour de nous. La déesse Skuld vous accompagnera toujours sur le parcours.

MESSAGE D'EMPOWERMENT

La sagesse humaine vient de l'expérience personnelle, mais la sagesse divine est inconnue dans notre expérience de la vie. Quand on demande de l'aide, on demande à être guidé par une Source supérieure – un grand mystère inexplicable. En recevant ces conseils aptes à nous guider, cela transforme souvent la vie et nous influence de multiples façons qui dépassent notre entendement.

Sophia, déesse des mythes gnostiques, à l'origine du monde matériel, se présente pour vous montrer comment la fatalité et le destin opèrent de concert avec la synchronicité. Quand on s'y attend le moins, les opportunités et les rencontres se présentent soudain, comme par enchantement. Votre vie commence à se dérouler plus facilement, et vous vous sentez en alignement sur une raison d'être et un pouvoir supérieurs. Soyez assurée que vous êtes protégée et guidée par le divin. Pratiquez l'acte de foi avant les résultats – une clé essentielle pour cocréer votre monde.

Message d'alignement

En étant déconnecté de son pouvoir supérieur, on commence à croire qu'on est la seule source d'abondance dans la vie. Il est sage de s'engager dans une relation consciente et délibérée avec un pouvoir supérieur. En cas d'oubli, trop d'attention risque de se porter sur le matérialisme, le travail, l'argent, les objectifs, etc.

La déesse Sophia vous rappelle que l'aspect spirituel et l'aspect invisible, l'essence même de vos désirs, signifient davantage que la forme en résultant. Il se pourrait actuellement que vous preniez quelque chose de faux pour des conseils divins. Il est temps de retrouver votre alignement, et de recevoir les véritables conseils divins, débarrassés des velléités ou des attachements de l'ego. Vous ouvrir à la sagesse du mystère de l'Univers est actuellement votre tâche d'alignement. Laissez-vous guider vers votre magie par la déesse Sophia. Votre façon magnifique et ayant le plus de sens de vous exprimer personnellement vous attend.

Message d'empowerment

De la riche terre rouge, la Femme-Araignée, déesse des Navajos, s'élève pour vous aider à tisser vos rêves dans la trame de la réalité. Elle se présente pour vous rappeler que votre vision de ce qui résultera concrètement de votre désir n'est pas aussi importante que son essence même. Il est essentiel en ce moment de savoir pourquoi vous voulez créer quelque chose, ce qui vous motive, vous inspire, et quelle est la beauté à laquelle vous aspirez à donner vie.

Le rêve collectif se manifeste par la relation cocréative entre votre imagination et l'Univers. De ce fait, sollicitez ce que vous avez de meilleur en vous, pour tisser concrètement votre monde avec intentionnalité et humilité. Gardez à l'esprit que vous ne pouvez contrôler la forme ; acceptez la vie en fonction de ses propres termes. Quand la Femme-Araignée se présente, elle annonce la création d'un des plus beaux rêves qui prend vie comme par magie. Ne le laissez pas vous échapper. Nous avons besoin que votre rêve s'ajoute à la toile de toutes les créations.

Message d'alignement

Il vous faut prendre la responsabilité de ce que vous créez, surtout en découvrant que cela ne reflète pas véritablement vos désirs authentiques, ou se révèle comme provenant uniquement de votre ego. Il ne suffit pas de tourner le dos en espérant oublier ces créations. Si vous avez blessé quelqu'un, veillez à remédier à la rupture. Si vous n'êtes pas prête à vous engager envers ce que vous avez fait se manifester, soyez humble et renoncez-y. La forme est rarement celle que vous aviez imaginée, et vous pourrez toujours recommencer, en invoquant pour vous aider les pouvoirs de sagesse et de cocréation de la Femme-Araignée.

Il se pourrait que vous vous retrouviez parfois prise dans la toile en soi, à ne suivre que le fil que vous jugez séduisant et adapté à vos besoins. Cela ne fait qu'entretenir l'illusion de la séparation. La Femme-Araignée vous propose la tâche d'alignement de réajuster votre position. Avec son aide, vous serez en mesure de faire la transition entre considérer partout la séparation, et voir la vérité que toute vie est interconnectée et sacrée.

Message d'empowerment

Quand Uzume, la déesse de la mythologie japonaise du rire et de l'hilarité, se présente dans votre journée, soyez enjouée et cultivez un humour bon enfant. Le rire, le meilleur remède, est exceptionnellement thérapeutique en ce moment. Concentrez-vous sur ce qui est drôle et positif, et si possible, voyez l'humour en toute situation. La vie n'est pas censée n'être que travail et aucun loisir, qu'attention et aucune détente ! L'humour favorise la résilience, et un cœur léger soulage de la souffrance émotionnelle, en apportant un recul plus que nécessaire par rapport aux fardeaux et au rythme effréné de la vie.

Le moment est venu de faire la folle, de rire aux éclats, et pourquoi pas d'opter pour le yoga du rire ! Le monde est empreint de sérieux, en effet, comme vos rêves et vos désirs, mais la joyeuse déesse Uzume vous rappelle d'apprécier vivement votre vie, et de ne pas oublier de vous amuser !

Message d'alignement

Auriez-vous dernièrement pris la vie ou vous-même trop au sérieux ? La vie est-elle devenue un fardeau ? Vous sentez-vous inféodée à un projet ou à quelqu'un, toute cette pesanteur rendant difficile pour vous de croire à un soulagement possible ?

Eh bien, la déesse qui rit, Uzume, arrive pour vous faire savoir d'arrêter dès à présent, et d'être enjouée ! Cherchez dans le monde ce qui est drôle, ridicule ou décalé. Le temps est venu pour un peu de comédie. Soyez comme une enfant aujourd'hui. Peignez au doigt, appelez vos amis les plus drôles, et faites du yoga du rire ! Faites-vous un festival de rigolade ! La déesse Uzume vous rappelle que si vous devenez trop sérieuse, elle vous aidera à rire. C'est la meilleure méthode pour équilibrer tout le dur travail que vous avez dernièrement effectué. Vous êtes tellement aimée.

MESSAGE D'EMPOWERMENT

Le moment est venu de regarder votre monde sous l'angle de la paix, de l'harmonie et de la réconciliation – le domaine de la déesse des Amérindiens lakotas, la Femme-Bison blanc. Il est temps d'abandonner le monde du jeu à somme nulle du bien et du mal, du bon et du mauvais, pour entrer en ce lieu où vous pourrez trouver les terres sacrées pour partager sans duplicité, et négocier à partir d'un désir dont chacun pourra bénéficier. Vous ne pourrez que vous en réjouir.

Adoptez dès à présent une approche humble, mais cependant ancrée, de votre vie. Il n'en découlera que des bienfaits. La Femme-Bison blanc soutient cette façon d'être au monde.

Message d'alignement

Des choix et des comportements inconscients risquent de contribuer à déformer votre monde. Les sentiments pénibles font partie du voyage qu'est la découverte de soi. Vous avez peut-être été conditionnée pour réprimer ce qui vous met mal à l'aise, afin de survivre. Ou vous vous êtes peut-être retrouvée dans une situation momentanément difficile avec quelqu'un, sans savoir quelle serait votre prochaine étape.

La Femme-Bison blanc vous propose cette tâche d'alignement : rendez sacrés l'inconfort, le malaise et l'embarras. Pensez à ce qui se produirait si vous faisiez de ce que vous considérez comme un défaut, une lacune ou un échec, une partie intégrante exceptionnelle de beauté de l'œuvre d'art qu'est votre vie.

Chaque souffle que vous prenez est sacré, chaque erreur que vous faites est un cadeau, et chaque fois que vous tirez des enseignements d'une relation, c'est une bénédiction. Bénissez chacune de vos facettes et votre vie, car vous êtes sacrée, et la Femme-Bison blanc vous souhaite de trouver la sérénité.

MESSAGE D'EMPOWERMENT

En illuminant le monde de votre lumière, vous attirerez diverses personnalités et expériences qui s'accordent à votre engagement envers votre empowerment, ou le mettent au défi. En ce moment, vous recevez des informations pour prendre une décision, savoir quelle occasion saisir, ou pour faire confiance à une certaine personne. Yhi, déesse du soleil du peuple aborigène d'Australie, illumine votre voie de ses rayons, une clarté qui vous montre ce qu'il vous faut savoir.

La lumière vive attirant aussi beaucoup d'insectes, sachez que, grâce à votre empowerment, vous pourriez également attirer ceux qui se considèrent comme inférieurs. Il s'agit d'un conditionnement en besoin de guérison chez de nombreuses personnes dans le monde. Tout ce que vous pourrez faire, c'est d'être incandescente et enjouée, bienveillante et sincère, et le monde commencera à vous envoyer en retour cette bonté. La déesse Yhi se réjouit de vous aider à briller.

Message d'alignement

Il arrive parfois que la lumière soit trop intense ou trop brûlante pour accomplir vos objectifs. Le soleil est brillant, mais trop s'approcher de son feu fait courir le risque de voir tout réduit en cendres. Voulez-vous vraiment savoir tout ce qui vous est caché en ce moment ? Êtes-vous prête à faire face à la dure lumière de l'illumination qui éclaire implacablement vos idées révolues, en vous montrant ce qui est possible d'autre ?

Votre tâche d'alignement est de vous montrer audacieuse et courageuse. Ne reculez pas ; sachez que tout cela fait partie du processus d'évolution qui invoque la lumière vive du soleil pour qu'elle vous indique les zones d'ombre, afin que, face à votre déni, vous ne puissiez vous dérober. Laissez la vérité incinérer vos défenses. Vous serez alors libérée. Quand Yhi, la déesse du soleil, se présente tout irradiante de lumière, c'est le moment de rendre des comptes, ce qui ne pourra mener qu'à des miracles.

Message d'empowerment

La déesse de l'hiver du folklore japonais, Yuki Onna, vous invite à pratiquer la méditation et l'immobilité chaque jour, afin de vous préparer à une plus grande productivité et de meilleurs résultats. Être ouverte et réceptive, ralentir et prévoir du temps pour rêver, active votre relation avec l'Univers, ainsi, vous serez en mesure de mettre en œuvre vos intentions. Puis, presque sans effort, vous découvrez leur accord vibrationnel dans le monde des formes. Tout comme la force vitale se développe discrètement à l'intérieur d'une graine enfouie dans la neige, l'énergie se développera de même dans les graines de vos désirs, avant de se manifester sans effort de votre part. Vous découvrirez combien il est facile de cocréer, tout en mettant en pratique l'immobilité et la réceptivité.

Laissez les autres faire le premier pas en ce moment, pendant que vous évaluez et observez ce qui vous entoure à partir d'une position bien ancrée d'immobilité et de neutralité. C'est ainsi que le monde se fait plus intime ; cependant, vous savez qu'il ne faut rien prendre personnellement. Quand la déesse Yuki Onna vous offre son soutien, restez calme – cela invitera des miracles. L'action actuelle équivaut à une non-action.

Message d'alignement

Certains jours, vous vous réveillez gelée, bloquée, dans l'incapacité de bouger : les effets du déni émotionnel et de la résistance face à certains événements. Ou il se pourrait que vous soyez épuisée, à bout, en proie au fardeau émotionnel que représente votre situation actuelle. Yuki Onna, la déesse de l'hiver, est là pour vous aider à vous distancer de cette expérience, et à la dépasser pour atteindre un état de tranquillité favorable à la santé.

Si vous êtes figée, il s'agit de l'ego qui refuse d'accepter la vie en fonction des termes de celle-ci, cause potentielle de peur et de dépression. Une certaine situation ou une personne pourrait être à l'origine de votre sentiment de victimisation. La déesse Yuki Onna vous rappelle que ce n'est que temporaire parmi cette multitude de moments dans la vie. La tâche qu'elle vous propose est de répondre à cette question : ferez-vous confiance à la Grande Déesse dans l'Univers pour qu'elle soit votre partenaire active dans la cocréation ? Le cas échéant, ralentissez et libérez-vous de tous vos ennuis, et vous ne pourrez que voir les miracles que vous offre la vie.

POUR ALLER PLUS LOIN

Les livres suivants m'ont semblé pertinents pour travailler avec la Déesse et ses multiples facettes, et comprennent ceux qui m'ont inspirée quand on m'a demandé de créer cet oracle. Nous éduquer sur notre histoire commune, et sur les ramifications vers notre culture en évolution, est crucial pour contribuer à sa naissance et à sa guérison. J'ai inclus la Femme-Bison blanc et la Femme-Araignée après avoir considéré respectueusement leur place importante dans la spiritualité amérindienne. Étant donné que nous, les Américains, nous vivons sur des terres qui étaient autrefois le domaine de ces grands peuples, je vous encourage vivement à en apprendre davantage sur leurs origines.

Certains de ces livres sont denses, d'autres plus accessibles, mais tous en valent la peine. Si vous êtes disposée à vous y plonger, je préfère vous avertir : attendez-vous à une réaction émotionnelle. J'ai moi-même été initialement choquée, en colère, puis si perdue, que cela m'a confrontée à une épreuve initiatique du chagrin à laquelle je ne m'attendais pas du tout. J'ai à présent capitulé et me suis engagée à ajouter ma voix à toutes celles qui s'élèvent dans le monde pour contribuer à instituer une société guérie, plus égalitaire. Cela n'est possible qu'en restaurant l'aspect féminin de l'Univers à la place qui lui revient de droit.

Find Your Goddess : How to Manifest the Power and Wisdom of the Ancient Goddesses in Your Everyday Life, Skye Alexander

Goddesses in Everywoman : Powerful Archetypes in Women's Lives, Jean Shinoda Bolen, M.D.

Goddesses in Older Women : Archetypes in Women over Fifty, Jean Shinoda Bolen, M.D.

Les Dames du lac (The Mists of Avalon), Marion Zimmer Bradley

Le Calice et l'Épée (The Chalice and the Blade : Our History, Our Future), Riane Eisler

Shota and the Star Quilt, Christine Fowler, Margaret Bateson-Hill, Gloria Runs Close to Lodge et Philomine Lakota

The Living Goddesses, Marija Gimbutas

Les Mythes celtes – La Déesse blanche (The White Goddess : A Historical Grammar of Poetic Myth), Robert Graves

Weaver of Worlds : From Navajo Apprenticeship to Sacred Geometry and Dreams — A Woman's Journey in Tapestry, David Jongeward

The Lakota Way : Stories and Lessons for Living, Joseph M. Marshall III

Dinéjí Na'nitin : Navajo Traditional Teachings and History, Robert S. McPherson

The Alphabet Versus the Goddess : The Conflict Between Word and Image, Leonard Shlain

The Great Cosmic Mother : Rediscovering the Religion of the Earth, Monica Sjöö et Barbara Mor

Spiral Dance : Renaissance de l'ancienne religion de la Grande Déesse (The Spiral Dance : A Rebirth of the Ancient Religion of the Goddess), Starhawk

Quand Dieu était femme (When God Was a Woman), Merlin Stone

Remerciements

L'Appel de la Déesse a été béni en ayant bénéficié d'autant d'aide !

Un immense merci à Reid Tracy, président de Hay House, pour son soutien indéfectible envers mon travail et moi-même, et pour m'avoir demandé de concevoir ce projet !

Un grand merci à mes assistantes de recherche de toute confiance, pour avoir lu autant de livres, afin de pouvoir en discuter lors de conversations aussi profondes que significatives. Je témoigne ma profonde gratitude durable à Evelyn Baron et Anna Saether !

À Patricia Gift, mon extraordinaire éditrice et relectrice, merci pour ces week-ends en immersion où nous avons ri, pleuré et flippé lorsque les déesses se révélaient à nous, et déclenchaient notre magie collective. Ouah ! tout simplement – c'est impossible à inventer.

À Jena DellaGrottaglia, ma brillante associée artistique pour tant d'oracles ! Notre collaboration sur *L'Appel de la Déesse* a de nouveau surpassé mes espoirs et mes désirs. Cela donne vraiment le sentiment que nous partageons le même cœur et le même esprit. Merci d'avoir donné vie à ma vision en tolérant mon Moi perfectionniste et autoritaire ! Nous y sommes arrivées !

À la fabuleuse Gina Gomez, ma géniale stratège et conseillère en affaires. Ta sagesse, tes conseils et ta contribution en soutenant mon désir d'inclusivité et de respect culturel ont aidé si incroyablement. Merci pour m'avoir appris à voir ce à quoi j'étais aveugle !

À PROPOS DE L'AUTEURE

COLETTE BARON-REID est une intuitive spirituelle, médium, éducatrice et spécialiste en oracles respectée dans le monde entier, où ses livres et ses cartes divinatoires à succès sont publiés en vingt-sept langues. Elle est la fondatrice d'Oracle School, une plateforme d'apprentissage en ligne avec des étudiants venant de vingt-six pays, et où l'empowerment personnel, la cocréation et les anciens oracles s'associent dans un souci de modernité. Colette a aussi conçu la technique de psychologie énergétique Invision Process®. Elle partage son temps entre le Canada et les États-Unis, avec son époux et deux loulous de Poméranie.

Colette est l'auteure de *Remembering the Future, Messages de l'Esprit, The Map, Uncharted*, des jeux et applis d'oracle *The Enchanted Map Oracle, La Sagesse d'Avalon, La Sagesse des royaumes cachés, La Sagesse de l'Oracle, Missives de vos guides*, et de bien plus encore.

Visitez son site : www.colettebaronreid.com

À PROPOS DE L'ARTISTE

JENA DELLAGROTTAGLIA, née à New York, vit actuellement à Los Angeles avec son époux, son âme sœur et complice, Daniel. Elle a une grande affinité avec les animaux, comme en attesteraient de tout cœur ses quatre chats adoptés. Éclectisme et originalité caractérisent le style de cette artiste autodidacte, qui a l'espoir de toujours évoluer et créer des œuvres d'art aussi novatrices que merveilleuses. Ses influences vont de Michael Parkes et Gil Bruvel à l'excellente Terese Nielsen, entre de nombreux autres.

Visitez son site : www.autumnsgoddess.com